U0100921

百年不孤独

——许渊冲回忆录

◎许渊冲 著

江西美术出版社
全国百佳出版单位

图书在版编目（CIP）数据

百年不孤独：许渊冲回忆录／许渊冲著 . -- 南昌：江西美术出版社，2021.4

ISBN 978-7-5480-8147-0

Ⅰ.①百… Ⅱ.①许… Ⅲ.①许渊冲－回忆录 Ⅳ.① K825.5

中国版本图书馆 CIP 数据核字 (2021) 第 063104 号

出 品 人：周建森
责任编辑：方　姝
责任印制：汪剑菁
封面设计：梅家强
版式设计：黄　明

百 年 不 孤 独　BAINIAN BU GUDU
—— 许渊冲回忆录　XU YUANCHONG HUIYILU

著　者：许渊冲
出　版：江西美术出版社
社　址：南昌市子安路66号
邮　编：330025
电　话：0791-86566309
经　销：全国新华书店
印　刷：武汉市金港彩印有限公司
版　次：2021年4月第1版
印　次：2021年4月第1次印刷
开　本：710×1000　1/16
印　张：15.5
ISBN 978-7-5480-8147-0
定　价：68.00元

本书由江西美术出版社出版。未经出版者书面许可，不得以任何方式抄袭、复制或节录本书的任何部分。
本书法律顾问：江西豫章律师事务所　晏辉律师
版权所有，侵权必究

百岁感言

许渊冲◎文

　　这一百年来，我的人生就是"尽我所能，得我所好"。让每个人都能够"尽我所能，得我所好"，世界就可以变得更幸福。希望我们大家共同努力，使得世界变得更好。

　　现在我们正在克服病毒、防御疫情，我曾经翻译过一首《诗经·无衣》，这首诗的内容是抵抗外敌的，大家同心协力，抵抗敌人。就像我们现在这样。我们现在是同心协力，对付病毒。我们待在家里，防止病毒，不给病毒大面积传播的机会。在这次疫情中，我通过电视新闻，看到很多普通人的表现都很值得称赞，不少事迹感人至深。这说明中国人民的元气还在，中华民族的元气还在，一场瘟疫是击不垮的。我相信，等疫情过去，我们的生活会变得更好。

　　近些年，习近平同志提出来要建设"人类命运共同体"，我们每个人都是人类命运共同体的一员。中国文化正在走向世界，通过这次全球抗疫，世界各族人民的合作与沟通，正在不断扩大和深入，等疫情过后，我们的中国文化和外国文化会结合得更紧密，"人类命运共同体"不是一句空话，它会使世界各族人民交往更频繁，沟通更融洽，生活更幸福。

　　让世界上每个人都生活幸福，每个人都远离病痛与灾难，这就是我百岁生日的愿望。

（陈志明、沈迪 整理）

目录
Contents

第一章 名师流芳 风华绝代

梅校长一家和我

去年（2002）年底，梅祖彦告诉我，柳无忌先生在美国去世了。他要我写一篇纪念的文字。今年年初，我把文章给他。不料《联大校友简讯》发表之后，却得到祖彦去世的消息。回想祖彦一家，和联大关系非常密切；而我又在联大前后八年：前四年在外文系，毕业前去美国志愿空军飞虎队做了一年翻译，毕业后又考取了清华研究院，还兼了一个学期的半时助教，可以算是和联大同始终的了。回想联大八年，三位常委之中，给我印象最深刻的，还是清华大学的梅贻琦校长。

联大三位常委我都见过。第一位见到的是北大蒋梦麟校长。入联大前，我就读过他翻译的美国总统威尔逊欧战时的演说辞。据说孙中山对他在报上发表的文章很欣赏。我在书中看到他的照片，穿西服，戴眼镜，比较洋气。不料他对联大新生训话时穿的却是长袍，讲话浙江口音很重，内容也和学术无关，只是告诫新生要守校规。所以使我觉得有点失望，认为并不比中学校长的水平更高。杨振宁也该听过那次训话，不知道他是否还有印象。

第二次见到蒋校长是在昆华农校的足球场上体育课时，听见马约翰教授和一个老师说英语，一看却是蒋校长。马老满头银发，蒋校长却戴着礼帽；马老目光炯炯有神，蒋校长却戴着金边眼镜，微微含笑；马老上身穿深色西服，下身穿浅色灯笼裤，双手握拳，蒋校长却穿着长衫，拿着手杖。马老健壮溢于言表，蒋校长却瘦削而含蓄不露。两人形成了鲜明的对比。蒋校长代表的是北大的传统文化，马老代表的是清华自强不息的精神。

第三次见到蒋校长是在新校舍图书馆前的广场上。那是1939 年 12 月 1 日上午。刚好是"一二·一运动"前六年。那时国民政府的教育部长陈立夫来联大，由蒋校长陪同对全体师生讲话。两人都穿长袍马褂，那是当时的礼服；两人说话都是浙江口音。先由蒋校长作简短的介绍，然后陈立夫才致辞。记得他讲的是一个和尚化缘修庙的故事，有点像武训乞讨施舍来办义学一样。他用这个故事来说明有志者事竟成的道理，也试图用孙中山的"唯生论"来解决唯心论和唯物论的矛盾。讲后两人都回重庆去了。

南开大学的张伯苓校长我只见过一次。他来昆明时，联大剧团表示欢迎，在新校舍第二食堂演出话剧。但是食堂没有凳子，只好把图书馆的长凳搬去。不料晚上来图书馆看书的同学没有凳子坐，要去看戏又没有票，于是就去食堂搬凳子，结果扰乱了剧场的秩序。第二天张校长在昆华中学北院操场上讲话，梅校长陪同站在旁边。张校长批评了扰乱秩序的学生，说大家喜欢看戏，他可以请周恩来到联大来演出。周恩来和梅贻琦都是南开中学的毕业生，周在南开常演话剧，并且反串女角。因为

梅贻琦

那时中国话剧还处在莎士比亚时代，女角多由男同学扮演，所以周恩来和曹禺都反串过。到了联大时代，已经男女各就各位，中文系的王年芳演过莫里哀喜剧中装腔作势的才女，外文系的张苏生演过英文剧《锁着的箱子》中救人脱险的主妇，历史系的张定华更演过曹禺《原野》或《黑字二十八》中的女角。

　　张校长提到梅校长时，称他为月涵，说他是南开中学第一班第一名，后来又是清华第一批留美生。据说1937年"七七"事变，日本侵略军占领北平、天津后，北大、清华、南开奉命南迁，组成长沙临时大学。三位常委来长沙视察临时大学的校舍。校舍原是兵营，几十个学生住一间，非常拥挤，很难安心学习。蒋校长看了直摇头，说是他不愿让他自己的儿子住这样的房子。张校长却相反，说他倒要他的子女来这里住，因为艰苦的环境才好锻炼坚强的性格。由此可以看出张校长艰苦奋斗的精神。

　　梅校长在联大的时间最多，经常看见他穿一套灰色西服，或是一件深色长袍，从西仓坡清华办事处经过昆中北院，再走豁口到新校舍来。有时空袭警报响了，他也和同学们一起到新校舍北面的坟山中躲警报。有一次我看见他后面一个跑警报的军人嫌他走得太慢，居然用手把他推开。据说蒋校长在重庆躲警报时也受到过军人的欺侮，蒋校长就拿出随身携带的蒋介石的请帖来。军人见了赶忙赔礼。可见蒋校长更会做官。

蒋梦麟

　　蒋介石也请过梅校长吃饭。《梅贻琦日记》1946 年 6 月 25 日中有记载："余问：'主席（指蒋介石）看北方局面是否可无问题？'答：'吾们不能说一定，或者不致有大问题。'言时笑容可掬。其或笑余之憨，余亦故为此问也。"简简单单几句话，却写出了蒋介石的声音笑貌，可见蒋介石在解放战争前夕，对华北局势并无把握。其实梅校长担心的，在 1945 年 10 月 28 日的日记中已有记载："倘国共问题不得解决，则校内师生意见更将分歧……民主自由又将如何解释？学术自由又将如何保持？使人忧惊！"11 月 5 日又记："对于校局则以为应追随蔡子民先生兼容并包之态度，以克尽学术自由之使命。昔日之所谓新旧，今日之所谓左右。其在学校均应予以自由探讨之机会，情况正同。此昔日北大之所以为北大，而将来清华之为清华正应于此注意也。"

许渊冲在美国援华志愿航空队担任英文翻译

事过 50 多年，现在看来，梅校长当时担忧的学术自由，的确是中国文化教育的前进方向。当时联大校内师生意见的分歧，体现在闻一多先生和中文系学生汪曾祺身上。汪曾祺当时对政治基本不闻不问，甚至对闻先生参与政治的做法有些不以为然，觉得文人就应该专心从文。闻先生对他的精神状态十分不满，痛斥了他一顿。他写信给闻先生说：闻先生对他"俯冲"了一通，并且对闻先生参与政治的做法直截了当地提出了不同的意见。闻先生回信说：汪曾祺对他"高射"了一通。这"俯冲"和"高射"就代表了联大师生对学术自由的不同看法。

我对梅校长印象最深的，是他在新校舍第一食堂的讲话，记得内容大致是说：学生的主要任务是读书，不是参加政治活动。看来他是支持汪曾祺，不赞成闻一多先生的。但在 1941 年美国志愿空军来华参加抗日战争，需要英文翻译时，他却号召联大外文系三四年级的男同学参军，去完成这一政治任务。到了 1944 年，他更号召全校四年级男学生一律参军去做翻译，连他的女儿祖彤也随军去做护士，儿子祖彦还不到四年级，却提前参了军。大型历史文献片《西南联大启示录》58 页有一张照片，就是我们欢送 1944 级外文系彭国涛去美国十四航空队，经济系熊中煜去史迪威炮兵司令部，电机系孙永明去缅甸孙立人军中当翻译的。我在美国志愿空军机要秘书室做翻译时，梅校长来秘书室了解联大同学工作的情况，告诉我要回校再读一年，才能毕业。这两点对我关系很大。因为进步同学如彭国涛，积极参加政治活动，在国民党时期受到迫害，解放后成了领导干部，"反右"时因为执行校长职权，免了一个干部的职，结果打成右派。而我只走"白专道路"，虽然受到批斗，却没有戴帽子，这真是不幸中的大幸。参军后回联大，如果没回，像其他一些美军翻译一样去了美国，我有韵的中国诗词英译本也许根本出不来，那反而会成为中国文化的损失了。

1949 年，梅校长来巴黎出席联合国教科文组织的会议，我们几个在巴黎大学的联大校友陪他去参观了卢浮宫、凡尔赛宫、枫丹白露宫，去歌剧院听了歌剧，在香榭丽舍大道露天咖啡馆喝了咖啡。附上照片一张，从左至右围桌而坐的是：教育系 1940 级卢浚（后为昆明师范学院院长），梅校长，心理系 1939 级林宗基，外文系 1943 级许渊冲，生物系 1943 级何申，数学系 1938 级田方增，外文系 1943 级吴其昱。晚上我们还请梅校

1949 年西南联大留法校友在香榭丽舍林荫大道露天咖啡馆欢迎清华大学梅贻琦校长

和梅校长子女在北大重逢的合影

长在金龙酒家用餐。记得梅校长慢吞吞地讲了一个笑话，说到有些人谈到的怕老婆的故事：有一个人说："怕老婆的坐到右边去，不怕的留在左边。"结果大家都往右坐，只有一个人不动。大家问他怎么不怕老婆？他回答说："老婆叫我不要到人多的地方去。"那时北京已经解放，清华师生几乎全都留校。梅校长这个笑话有没有流露他当时的心情呢？从此以后，我就没有再见到梅校长了。

至于梅校长的子女，我除了和祖彤、祖彦一样参了军外，参军回校后还和他们的大姐祖彬同上外文系四年级。外文系要演出英文剧《鞋匠的节日》，是一个发国难财的鞋匠当了伦敦市长的故事。由彭国涛、金提、万淮等演鞋匠，我演一个花花公子，爱上了一个鞋匠的未婚妻。鞋匠（由金提扮演）打仗去了，公子造谣说他已经战死，要和他的未婚妻（由祖彬扮演）结婚。祖彬最初不肯答应，说我不如她高，背靠背比了一下，我比她高了一公分，这有我们50年后在北大重逢的照片为证。前排左起是祖彦的夫人刘自强，祖彤，我的老伴照君；中排是我、祖彬、关懿娴、何申；后排是祖彦、贺祥麟及何申的女儿。此外，祖彬的小妹祖芬上过昆明天祥中学，而我是她的英文老师。这样说来，我和梅校长一家可以算是有缘分的了。

文理大师顾毓琇

顾毓琇

顾毓琇先生是20世纪著名的科学家，卓越的教育家，又是一位多才多艺的文学家。作为科学家，他在1972年得到国际电机及电子工程师学会的兰姆金质奖章；作为文学家，1976年世界诗人大会授予他"桂冠诗人"的称号；作为教育家，他曾在中国和美国多所大学任教，尤其是在上海交通大学，江泽民当时选修了他讲授的《运算微积分》课程。

顾毓琇1902年生于江苏无锡。他的母亲和他的夫人都是著名的书法家、文学家王羲之（321—379）的后裔。王羲之的《兰亭诗》闻名于世，前几句是：

三春启群品，寄畅在所因。

仰望碧天际，俯磐绿水滨。

　　这几句诗显示了他对自然的热爱，人和天的情景交融。他的祖母是著名的诗人秦观（1049—1100）的后裔。秦观的名作《满庭芳》全词如下：

　　　　山抹微云，天连衰草，画角声断谯门。

　　　　暂停征棹，聊共饮离尊。

　　　　多少蓬莱旧事，空回首，烟霭纷纷。

　　　　斜阳外，寒鸦数点，流水绕孤村。

　　　　销魂当此际，香囊暗解，罗带轻分。

　　　　谩赢得秦楼薄幸名存。

　　　　此去何时见也？襟袖上，空染啼痕。

　　　　伤情处，高城望断，灯火已黄昏。

　　这首词说明秦观是个多情善感的诗人。顾毓琇曾步秦观的原韵写了一首《满庭芳》，收在这本《诗词选》内。

　　顾毓琇年轻时曾受教于著名的学者钱基博。钱基博写的古文胜过了林纾，而林纾是第一个将西欧小说译成古文的国学大师。据说林曾因此提出辞职让贤，也就是让位给钱基博。钱基博的公子钱锺书是世界闻名的小说《围城》的作者。

　　1915年顾毓琇进入清华学校，后改大学。他在清华受教于国学大师梁启超。梁启超曾将西方文学理论应用于中国诗词的研究，例如他讲《情圣杜甫》时说："这类诗的好处在真，事愈写得详细，真情愈发挥得透彻。我们熟读它，可以理会得真即是美的道理。"

在清华大学时，顾毓琇和同学闻一多、梁实秋、熊式一等组织了清华文学社。闻一多是著名的诗人，他的名作《红烛》最后一段是：

红烛啊！你流一滴泪，灰一分心。

灰心流泪你的果，创造光明你的因。

红烛啊！"莫问收获，但问耕耘！"

1946 年闻一多像红烛一样为了创造光明而牺牲了生命。

梁实秋是中国第一个把《莎士比亚全集》译成中文的学者。顾毓琇为他写了一首《南歌子》，前半首是：

文艺复兴也，佳音在那边。

莎翁巨著译文全。功不唐捐，终为国人先。

熊式一是戏剧家，30 年代他写的英文剧本《王宝钏》在伦敦和纽约上演，取得了成功。顾毓琇写了剧本《白娘娘》，要他译成英文，好在欧美演出。

1923 年，顾毓琇在清华毕业，去美国麻省理工学院学电机工程，1925 年获学士学位，1926 年获硕士学位，1928 年又得到科学博士学位，论文是关于前进及后移变数的。后来这个变数被称为"顾氏变数"，又称"顾氏变换"。他是第一个在美国得到科学博士的中国留学生。

1929 年回国后，顾毓琇在浙江大学电机系任教授兼系主任。1931 年回清华大学任教，和许多著名学者时相过从。如中国新文化运动的倡导者胡适，顾毓琇在他逝世后写了下列诗句：

箴言永在作新民，风气开来仰哲人。

欲使文章成白话，却离世俗出凡尘。

又如哲学家冯友兰，顾毓琇为他写了一首绝句：

泰山霞举忆游踪，贞雪千年伴古松。

两度登临尘虑去，俨然道骨御仙风。

和历史学家陈寅恪，顾毓琇谈到了旧游的事：

山色湖光孰与京？昆明讲学待清平。

衡峰赏月星明灭，蒙自泛舟客醉醒。

和诗人吴宓，顾毓琇写了纪念他的诗句：

千古多情吴雨僧，遗诗墨迹赠良朋。

清华讲学诸生悦，西蜀传经众艺能。

在作家林语堂出任新加坡大学校长时，顾毓琇写了送别诗：

> 已有文章传海外，今开簧学到天南。
>
> 大同只待太平时，真理原从饱学探。

顾毓琇继承了先人的文化传统，接受了名师的指点教育，和当代名流学者多有交往，因此他不但成了一位杰出的科学家，而且是全世界的桂冠诗人。

此外，顾毓琇还是一位桃李满天下的教育家。1938 年他被任命为教育部常务次长，为当时的教育部长陈立夫写了下列诗句：

> 四书道贯之，七十古来稀。
>
> 未老头先白，唯生论共知。

唯生论的哲学和诗合为一体，诗人也就成为哲学家了。1944 年顾毓琇被任命为中央大学校长，他为抗日战争时期参军的女大学生写下了鼓励投笔从戎的诗篇：

> 好男谁说不当兵？好女今朝亦请缨。
>
> 红玉临戎振士气，木兰报国逞豪英。

爱国之情溢于言表。他清华大学的同学孙立人成了中国远征军在印度缅甸的司令官，顾毓琇在 1943 年去印缅参观时，写了下列爱国的诗句：

> 兰伽师训扬三竺，缅北功高震昊天。

抗战胜利之后，他于 1950 年赴美讲学，先后在麻省理工学院和宾州大学任教授。宾州大学是电子计算机的发祥地，顾毓琇又把科学和诗熔于一炉：

> 万能电子为人用，此处发明计算机。
> 神速无妨精又确，工程科学共飞驰。

科学不但和工程共飞驰，而且和诗比翼齐飞了。因此，顾毓琇被誉为本世纪唯一的文理大师，是只在文艺复兴时期才有的全才。

在顾毓琇的诗词中，我们还可以听到世纪走过的脚步声，如二次世界大战、原子弹的爆炸、月球登陆；可以看到世界的名胜古迹，如中国的南京、英国的牛津、美国的哈佛；可以见到国际的风云人物，如法国的拿破仑、美国的罗斯福和杜鲁门等。英国诗人说得好：一粒沙中见世界，一小时内见永恒。在这本《顾毓琇诗词选》中，我们可以看到 20 世纪的缩影。

冯友兰教授谈哲学

我在联大 8 年，回忆起来，冯友兰先生是对我影响很大的一位教授。8 年来，冯先生一直是文学院院长。他在联大作过多次讲演。1939 年 7 月 13 日，他在昆中北院食堂讲《中国哲学的应用》，我在日记中有简单的记录，现在摘抄如下：

如果小孩被石头绊倒，他就会发怒，大人却不会，因为小孩是用情感，大人是用理智。中国道家的哲学是"以理化情"。如死是最动情的，但理智上知道有生必有死，就不会动情了。话虽如此，实行起来却很难，只能做到有情而不为情所累。例如看见某甲打某乙，我们愤愤不平，但事后也就算了；如某甲打的是我，事后还是会愤愤不平的，这就是为情所累。应用哲学，就要学会"以理化情"，学会"无私""忘我"，这样才能有情而不为情所累。

爱因斯坦说过："要使我们的理论尽可能简单。"冯先生就能把复杂的问题简单化，并能深入浅出地表达出来。重温 60 多年前的讲演，觉得冯先生言犹在耳，

冯友兰

但是实行起来并不容易。例如最近读到南开大学外国语学院一篇博士论文，文中引用网上《清韵诗刊》的话说："格氏说不能让华人译唐诗，是至理名言。听说许某自诩，汉诗英译第一人，中国人牛皮多，此一例也。"格氏是英国伦敦大学教授，译了一本《晚唐诗》，错误百出。我在北京大学出版的《文学与翻译》第334～347页曾详加评论。这样一位教授，居然口出狂言，说什么"不能让华人译唐诗"，那么请问，我在英国企鹅图书公司出版的《中国古诗词三百首》怎么办？是不是该禁止出版？或者应该销毁？这位博士论文题目是《许渊冲文学翻译研究》，如果认为华人不能译唐诗，那华人译的诗还值得研究吗？《中国教育报》2001年9月27日发表了采访我的报道，标题是《诗译英法唯一人》，《清韵诗刊》却别有用心，改成"汉诗英译第一人"，并且说"中国人吹牛"，请问世界上还有第二个人能把中国古典诗词译成英法韵文吗？如果没有，这就不是吹牛。但是这种诬蔑不实之词，怎么能在博士论文中引用呢？我读后就生气了。一想起冯先生要"不为情所累"的话，假如诬蔑的不是我，那我大约不会这么生气。于是我只写了一篇反批评也就算了。这就是应用了冯先生所说的"以理化情"之法。

1939年8月2日，冯先生又在昆中北院食堂讲《中和之道》。这次讲演更加重要，现在摘抄我日记中的记录如下：

一个人可以吃三碗饭，只吃一碗半，大家就说他"中"，其实要吃三碗才算"中"；"中"就是恰好的分量：四碗太多，两碗太少。"和"与"同"的分别是："同"中无"异"，"和"中却有"异"。使每件事物成为恰好的分量就是"和"。这就是"中和"原理。辩证法的由量变到质变是"中"，由矛盾到统一是"和"。

应用到个人修养方面：生理上吃饭、喝水、睡觉等得到恰好的分量，就是一个健康的身体；心理上各种欲望满足到恰好的分量，就是一个健全的人格。应用到社会方面：政治家、军人、教师等各种人要求权利不太过，要尽责任不太少，就是一个好的社会。应用到政治制度方面，民主政治最接近"中和"。

我把"中和原理"应用到自己身上，感到得益不浅。我从前曾以为做事做到一半就是中庸，听了冯先生的讲演，我才明白"中和之道"是有一分热发一分热，有一分光发一分光。这对形成我的人生观颇有影响。就以翻译文学作品而论，如果一天能译 1000 字的文章，那译 1000 字就是得其"中"。一个字一个字翻译，这是量变，翻译到 1000 字成了文章，这是质变。所以从量变到质变是"中"。但是翻译和吃饭睡觉可能有矛盾，翻译 1000 字，饭也吃得饱，觉也睡得够，翻译、吃饭、睡觉都得其"中"，这是"和"。"和"是从矛盾到统一。这就是我在生活中实践的"中和原理"。应用到世界观上来，我觉得每一个国家都应该尽可能为本国人民谋福利，这是"中"，如果世界各国都尽可能为本国人民谋福利而不损害其他国家的利益，这是"和"。如果全世界能行"中和之道"，那就天下太平了。用孔子的话来说："中和"是"从心所欲不逾矩"。"中"是主观上尽其在我，"和"是不超越客观规律。这就是冯先生的演讲对我的人生观和世界观产生的影响。

1940 年 7 月 26 日晚上，冯先生讲《青年对哲学的修养》。他首先批评题目说："青年对哲学修养，中年和老年是已经修养够了呢，还是不够修养的资格呢？其实修养是不分年纪的，正如学数学不分年纪一样，这是一般人的误解。"接着他讲：

逻辑是语经，是思想的规则。规则是人人应该遵守，实际也遵守，只是不能完全遵守的。一个不遵守道德规则的人守规则的时候总比不守规则的时候多，辩证法反对形式逻辑，后者说甲是甲，前者说甲是非甲，其实是甲包含非甲，甲可变成非甲。如果人人懂得逻辑，天下的争论可以减少一半。如古语说"知易行难"，孙中山先生说"行易知难"。其实，前者指道德方面，后者指技术方面，两者并不冲突。这就要有逻辑的修养。

重温冯先生的讲话，觉得真是逻辑严密，分析清楚。就以"中和原理"而论，人人都要遵守尽其在我的规则，才能做出成绩。我在翻译文学作品的时候，总想尽可能译得使读者知之、好之、乐之。但是一般只能使人知之，有时能够使人好之，很难使人乐之。这和冯先生说的"不能完全遵守规则"，基本是一致的。形式逻辑说甲是甲，等于说规则就要完全遵守，文学翻译就要使人乐之，这是不符合实际的。辩证法说甲包含非甲，这等于说实际上人不能完全遵守规则，文学翻译不能字字使人乐之，总有部分只能使人知之或者好之。"知易行难"说的是道德修养，知道什么是"中和原理"并不难，要做到事事合乎"中和原理"却不容易。"行易知难"说的却是技术才能，如果你知道了制造飞机的技术，动手制造就不困难，"知"需要工程师的设计，"行"却只需要技术工人的劳动。"知易行难"指德，"行易知难"指才，两者范畴不同。经过逻辑分析，就清楚了。

1940 年 8 月 8 日，冯先生在昆中北院讲《生活的意义》。我没有听到开头的部分，不知道"意义"的第一个意义是什么，只好把听到的部分记下来：

"意义"不是目的，有人以为生活的意义是指生活的目的。如果凡事都有一个目的，本身只是手段的话，那么世界上的事都成了手段。我们应该说，有些事本身就是自己的目的。哪些事呢？凡是自然的事，如猪生草长，都是无目的的；人为的事如吃饭、吃药才是手段。所以如果以为意义就是目的，那生活是没有目的的。

"意义"的第二个意义是了解。了解越多，意义越大。如一只狗听见讲演，一点也不了解，所以也就毫无意义。一个无知的人听讲演比狗了解多一点，意义也就大一点。一个大学生听讲演了解得更多，意义也就更大了。

但了解不同，意义也就不同。如地质学家游山，只见山是什么地质结构，历史学家游山，却记得这山是古战场。这样说来，意义不是主观的吗？其实不然。因为实际上山是某种地质结构，是做过古战场，并不是地质学家和历史学家臆造出来的，仁者见仁，智者见智，此之谓也。

冯先生谈到了解和意义的关系，说了解越多，意义越大；了解不同，意义不同。这话我深有体会。如李商隐的《无题》诗中有两句："金蟾啮锁烧香入，玉虎牵丝汲井回。"伦敦大学格雷厄姆教授对这两句诗的译文大致是："一只金蛤蟆咬着锁，开锁烧香吧；一只玉虎拉着井绳，打上井水逃走吧。"译文说明英国教授对诗毫无了解，所以译文毫无意义。他不知道金蛤蟆是唐代富贵人家大门上的门环，咬住锁表示晚上锁门了，烧香是唐代人的风俗习惯，早晚烧香祈天敬神；玉虎是水井辘轳上的装饰品，"牵丝"是拉起井绳的意思，"汲井"就是打起井水，唐代人的风俗习惯是天一亮就打井水，以备一天之用。"入"

和"回"的主语都是省略了的"我"字。所以中国人的译文是："天晚烧香锁门的时候，诗人进门了；早晨拉井绳打水的时候，诗人回家了。"中国人了解比英国人多得多，所以意义也大得多。但是诗人进门做什么？为什么一早就回家了？原来诗中"烧香"的"香"和"相"字同音，"牵丝"的"丝"又和"思"字同音，"香"和"丝"就暗示"相思"，隐射诗人和富贵人家的女性互相思念，诗人等天黑了再偷进富贵人家的大门，来和女主角幽会的，因为怕人发现，所以天一亮就赶快溜走了。这样了解更深一层，诗的意义也就大得多了。这可以说明了解越多，意义越大。

1942 年 6 月 11 日，冯先生在昆中北院讲《哲学与诗》。那时我在美国志愿空军机要秘书室任英文翻译，被派回联大来听讲，再回秘书室作传达。现将讲话摘抄如下：

宇宙间的东西，有些是可以感觉的，有些是不能感觉而只能思议的，有些是既不能感觉又不能思议的。如"宇宙"就是不可思议的，自然你可以去思议，但你所思议的宇宙，并不是真实存在的这个宇宙。不能感觉而能思议的如"理""性"等。

诗就写可以感觉的东西，但却能在里面显示出不可感觉的，甚至不可思议的东西。诗的含蕴越多越好，满纸"美"呀"爱"呀，叫人读起来一点也不美，也不可爱，这是"下乘"；写"美"写"爱"也使读者觉得美，觉得可爱，那是"中乘"；不写"美""爱""愁"等字，却使读者感到美、爱、愁，才是"上乘"。

诗的意义越模糊越好，如屈原的《离骚》，你可以说是写香草美人，也可以说是写忠君爱国，使人得到的意义越多越好。诗要模糊可用"比""兴"，如"春蚕到死丝方尽，蜡炬成灰泪始干"。哲学却不同，一句话就是一个意思，而且要清楚，否则，哲学就失败了。

冯先生讲哲学和诗的分别，真是言简意赅，一针见血。回头看看李商隐的《无题》诗，正是用可以感觉的"金蟾""烧香"，"玉虎""汲井"来写含蕴在内的幽会。诗中没有一个"美"字或"爱"字，却可以使读者感到诗人对情人的爱，他们爱情的美。但是英国格雷厄姆教授根本不了解这首意义模糊的朦胧诗，译得牛头不对马嘴，反而口出狂言，胡说什么"不能让华人译唐诗"，居然还有奴颜婢膝的中国人说他的狂言是"至理名言"。由此可见了解哲学和诗的分别，对译者和评者是多么重要。关于冯先生的评诗理论，我在答中央电视台记者问时，举李白诗句"朝辞白帝彩云间"的三种英译文做了说明。"彩云"可以译成1. colored clouds；2. rainbow clouds；3. crowned with clouds。第一种译文说是"有颜色的云"，虽然不错，但不能引起"彩云"给人的美感，是说美而不美的例子，这是"下乘"；第二种译文说是"彩虹般的云"，这就是用"比"的方法，使人可以看到五彩斑斓的云霞，这是说美而美的例子，可算"中乘"；第三种译文根本没用"彩"字，把它说成"戴着云霞的皇冠"，运用的是暗喻的方法，不露声色地把云比做皇冠，而皇冠是金碧辉煌、五彩斑斓的，所以不说"彩"而"彩"自见，这是不

罗常培

说美而美的例子，可算是"上乘"。这也暗合了冯先生的理论。

　　1944年9月，冯先生作了《论风流》的讲演，由中文系罗常培教授作开场白。罗先生开玩笑说："冯友兰先生要讲《论风流》，不知道是他的胡子比闻一多先生的风流呢，还是他说话结结巴巴的风流？"闻先生在1937年抗日战争开始时留胡子，并且发誓不到抗战胜利不剃刮，但是他的头发还是很整洁的。而冯先生则不但胡子长，头发也乱蓬蓬。有个哲学系的同学甚至写了一张大字报说：如果人人都像冯先生这样，那昆明的理发店都要关门了。冯先生说话虽然结巴，但是思想却非常清晰，分析非常细致，表达非常简明，能够深入浅出，风格犹如静水流深。闻一多先生的风格却如疾风暴雨，带有雷霆万钧之力。两人的风格流派大不相同。冯先生的《论风流》已收入《三松堂学术文集》，这里就不摘录了。从这些讲演中，可以感受到联大当年的学术风气。

我所知道的柳无忌教授

柳无忌先生1907年生于江苏吴县，是爱国诗人柳亚子先生的长子。他5岁时开始熟读《左传精华》《史记》《古文观止》《诗经》《唐诗三百首》等，并能背诵全部诗文。高小时开始读旧小说：《三国》《水浒》《说唐》《征东》等历史故事，《西游》《封神》等神话小说，《包公案》《彭公案》等侦探小说，《七侠五义》《小五义》等武侠小说，觉得这些紧张奇异的故事，非常引人入胜。那时他年纪太小，对书中绘声绘色的描写和诗词韵文，却认为是多余的；对《红楼梦》等言情小说，也不感兴趣。在高小时，他还开始读英文，生字学了不少，并死背过《纳氏英文法》的定义。暑假期间还请了上海沪江大学的女学生做家庭教师，补习英语。柳无忌在《古稀人话青少年》一文中说：教师的"英文程度好，读音准，软熟的吴音英语确是悦耳好听，实使幼年的我为之神往不止"。这就使他从小打好了英语的基础。那时他还读过林纾翻译的西洋小说，如《鲁滨逊漂流记》《双城记》《块肉余生记》等。但最使他向往的是"一连串福尔摩斯的侦探小说，故事情节的奇异有如公案……"后来他又读了一些原文小说，这更使他打

柳无忌

好了英文文字的基础。

　　高小毕业之后，他进了上海圣约翰青年会学校，学习两年，成绩最好，得到好多奖章奖状，以第一名获全部奖学金入圣约翰中学。那时最使他骄傲的，是英文程度已经高出上海洋学堂出来的学生。在圣约翰中学和大学读书时，许多老师都是外国人。国文教师是中国人，在教会学校不受重视。直到他在大一时，国学大师钱基博——钱锺书的父亲来了，才受到大家的尊敬。柳无忌在《古稀人话青少年》中说："那时我也起始大量阅读新文学书籍，最喜好一些有浪漫与感伤成分的作品，如郁达夫的《沉沦》，郭沫若的《落叶》与翻译的《少年维特之烦恼》。这时的新诗我并不欢喜，以为《尝试集》旧诗的味道太重，而与此相反的《女神》又太洋化，混杂了好些外国字与西洋典故，不易消化。康白情与俞平伯的新诗，不过平平白白而已。至于

上海圣约翰大学

汪静之的爱情诗，行句中大量的'接吻'，颇为新颖，但怎么能说是诗呢？正如张资平的三角恋爱故事，以投合一般读者的低级趣味为能事，如何能说是小说呢？"由此可见他在学生时代已经养成了文学批评的精神。

1925 年上海发生了五卅惨案，圣约翰大学的学生罢课，提出抗议。那时柳无忌 18 岁，悲愤地离开了学校。幸亏清华学堂那一年改为大学，需要资金，凡愿捐赠五千元的家长可以送子弟入学。这样，他就插班入了清华大学三年级。他的同班同学后来成了联大外文系教授的有赵诏熊，陈铨，吴达元，杨业治等；比他高两班的有闻一多、梁实秋、孙大雨、顾毓琇等。那时教他国文的是朱自清，他写了一篇两万多字的论文，比较李白和杜甫，得到朱先生的赞赏。当时清华最有名的教授是梁启超和王国维。他问梁先生《班定远平西域记》的作者曼殊室主人是不是苏曼殊？不料梁先生告诉他，他本人就是《平西域》剧本的作者。至于王国维，柳无忌因为受了新潮流的影响，对他并没有好感，尤其不满意他那条象征满清奴才的辫子。但在这些新老教授和同学们的熏陶之下，柳无忌这一代人成了学贯中西的知识分子。

对于清华大学，柳无忌认为梅贻琦校长的贡献远比其他校长为大。他在《张梅两校长印象记》一文中说："1908 年，梅贻琦考取首批清华庚款留美学生，比张彭春、胡适、赵元任早一年。""清华能在 1930~1940 年间追上北大，同为中国最高学府（就是在文学院方面，清华也足与北大抗衡，而理工学院更优越于其他学校），梅校长是数一数二的功臣。"

柳无忌在清华毕业后，1927 年去美国留学，先后入了劳伦斯大学和耶鲁大学。耶鲁的同学后来成了联大历史系教授的有

劳伦斯大学

皮名举。在耶鲁时，柳无忌一天只吃两顿——早餐与晚餐，偶尔饿了，就到附近一些点心店，吃一点东西充饥。他最爱好英国浪漫派诗人，特别是雪莱。他自己的诗文也深受浪漫派的影响，情感奔放，风格华丽，花样繁多，描写细致。他在耶鲁的博士论文就是研究雪莱当年与死后在英国的文学名声的。1931 年取得博士学位后，他去伦敦游学，和朱自清先生同住在"维多利亚时代的上流夫人"家里，并同夫人小姐共进早餐晚餐。他去伦敦西部参观了雪莱的故居。那是一个小镇，很少外国人去，故居大门紧闭，只在门口有一个小牌子标明。他更喜欢去浪漫诗人济慈的故居。济慈曾在那里为他热爱的情人写下了一些有名的诗篇，留下了一些遗物和诗稿。据说有一天晚上他听到了

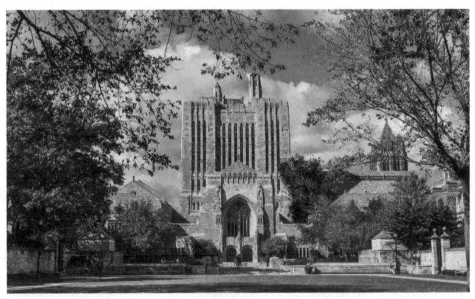

耶鲁大学

夜莺的鸣声，沉浸在想象之中，忘怀了生命的孤寂与悲哀，就写下了那首不朽的《夜莺曲》。柳无忌是在伦敦结婚的，婚后还同朱自清去瑞士游了雪山。登山的费用太大，要花半个月的清华官费，结果只有朱先生一个人登上了少妇峰。他们三人还同去了意大利，参观了庞贝

朱自清

古城的遗迹，玩得很好，增加了不少见闻，然后三人乘船经红海和印度洋回国。

1932 年起，柳无忌任南开大学教授，是第一位外文系主任。1937 年卢沟桥事变，南开与北大清华迁到湖南，成立长沙临时大学，文学院在南岳。柳无忌写了 80 天的《南岳日记》，是非常难得的历史文献，现在选抄如下：

11 月 16 日 功课已排就。我有"英国文学史"，"英国戏剧"，"现代英国文学"三门，共八小时。功课并不轻，将来就要忙碌了。

11 月 19 日 昨日开学。今晨七时起，上英国戏剧及文学史二课。戏剧班有学生三十余人，文学史班到十四人，没有书可读，没有书参考，连黑板都没有，……下午及晚上读戏剧二部：易卜生之《国民公敌》……剧中有名句曰："世上最强之人，亦即最孤独之人。"

11 月 24 日 编英国戏剧讲义，此将为我在山之主要工作。阅《金库诗选》，诵拜伦、雪莱诸诗，……这几首诗十几年前

都熟读能背诵，今则已生疏了。

12月1日　日来饭食甚佳，真乃"人生一乐"。同事容肇祖作打油诗数首，套时在此楼居住之人士，颇饶兴趣，借录如下：

冯阑雅趣竟如何（冯友兰）　闻一由来未见多（闻一多）

性缓佩弦犹可及（朱佩弦）　愿公超上莫蹉跎（叶公超）

鼎沈洛水是耶非（沈有鼎）　秉璧犹能完莹归（郑秉璧）

养士三千江上浦（浦江清）　无忌何时破赵围（柳无忌）

从容先着祖生鞭（容肇祖）　未达元希扫虏烟（吴达元）

久旱苍生望岳霖（金岳霖）　谁能济世与寿民（刘寿民）

汉家重见王业治（杨业治）　堂前燕子亦卜孙（燕卜孙）（此绝冯芝生作）

卜得先甲与先庚（周先庚）大家有喜报俊升（吴俊升）

功在朝廷光史册（罗廷光）停云千古留大名（停云楼，我们的宿舍。）

用人买物归，为我购得鸡子三十六枚，橘子三十九只，花生一大包，共费洋一元。

12月11日　太阳好，星期六，正是游山天气，名胜美景，固不可不游，但游后兴尽而归，亦不过如是。唯有将此胜景留在想象之中，使成为甜蜜的欲望。欲望既未能达到，甜蜜遂长存于心头。不时憧憬之，嚼玩之，其味乃无穷矣。

12月14日　公超自长沙返，带来我的衣服、书、讲演稿一大包，大乐。

12月22日 搬至下面宿舍居住，四人同房（我们的房间是佩弦师，江清，皓岚及我），一室四床，二桌，四椅，无徘徊余地了。

今日校中公布空袭警报规定。九时三刻在戏剧班上课，忽闻机声轧轧甚近。教室外学生走动甚多，听讲者面呈不安色。告以如愿者，可以自由离室，但无人出去，结果仍维持至九时五十五分散课。安然无事。

1938年元旦 昨晚在山中过除夕。参加文院师生联欢会，还算热闹。散会后与佩弦师，江清，雪屏作桥戏，共三局，至十二时一刻，已到今年，始睡。

正月十七日 今日有消息：临大迁昆明事已作最后决定。据云，下月初即开始搬校，学生步行经贵阳去滇，教授可以自由行动，定于农历三月十五日在昆集会。

正月廿日 大睡之下，九时起，无课一身轻。考试结束，教务已毕。

从《南岳日记》看来，文学院不是11月1日开学，而是11月18日才开始上课，第二年正月就结束的。前后只有3个月多一点，物质条件贫乏得不得了，精神状态却可以说是了不得，所以学校办成了世界一流大学。

1938年学校迁到昆明，改名国立西南联合大学，外文系主任是叶公超。据柳无忌说：叶主任是无为而治，他不记得外文系开过系务会议。但叶主任分配柳先生教N组大一英文时（杨振宁和我都在这一组），柳先生没有来，却是叶先生代他上课的。可见叶先生是有所不为而有所为了。

柳先生在联大开了"英国文学史"和"西洋戏剧"等课。讲文学史时，他第一谈到希腊艺术的影响，希腊人把形式美和人体美看成至上的理想，所以文学要争取美的形式；第二谈到基督教如何影响西方人对人生的态度，这种态度又如何表现在文学中。如对圣母玛利亚的宗教热忱扩大成了对一切妇女的尊敬，到了乔叟诗中，更成了对女性的浪漫憧憬，为情人忍受一切牺牲的理想。到了斯宾塞的《仙后》中，仙后就成了代表一切理想的美德，几乎和圣母一样值得崇拜。从此以后，恋爱成了文学的主题。最近一百年来，欧美可以说是成了科学世界。达尔文的进化论动摇了宗教信仰，浪漫的气氛消失了，科学对文学的写作方法起了决定性的影响，表现在写实主义和心理分析上。这从乔伊斯和吴尔芙等的作品中都可以看得出来。总之，柳先生认为希腊的审美观、基督教的教义、科学的人生观，是支持西洋文学的三大支柱。

至于西洋戏剧，柳先生把典型的五幕剧归纳如下：

第一幕　叙述背景，供给剧情。

第二幕　动作起始，故事发展，事态变为复杂。

第三、四幕　危机，奇情，以至顶点。为全剧最紧张亦最动人的部分。

第五幕　动作松弛，剧终幕下。

1940 年，叶公超离开联大，去新加坡任外交部专员，遗下外文系主任之职，由柳无忌代理。到了秋天，柳先生也离开联大，到重庆中央大学去了。在中大时，他编了一套《现代英语》，联大选修班也曾采用。书中有些课文是其他课本没有采用过的，如 The Hand（手），Invisible Wound（隐痛），The Bet（赌）等，很有新意。如《手》中说，笔和枪都是手的延伸。《赌》讲一个故事，说富翁和一个穷书生打赌，如果书生愿在监狱中关上十年，出狱时富翁愿给他十万元。不料期满之前富翁破产了，要去谋杀书生；更不料书生在狱中读书大彻大悟，不到期就出狱了，不要十万元却保住了性命。《现代英语》的编写为柳无忌后来的编书工作打下了良好的基础。

1946 年抗战胜利后，柳先生再度去美国，主要在印第安纳大学教中国文学，和 50 多位中美师生合编了一本中国 3000 年诗选，书名是《葵晔集》（Sunflower Splendor）。今天美国各大学的中国文学教授，多半都是该书的合作者，如哈佛大学的 Hightower、Owen，加州大学的 West，北卡州大学的 Kroll，印第安纳大学的 Bryant 等人，而柳先生是该书的主编，所以可以说他是中美文化交流的一大功臣。

2002 年 10 月，柳先生以 95 岁高龄辞世。在联大外文系已故的教授中，除温德先生（Mr. Winter）外，他是享寿最高的。他在联大和美国的学生，正在继承他所参与开发的中西文化交流事业，使世界文化变得更加灿烂辉煌，以告慰柳先生在天之灵。

胡适和冯友兰

1910 年胡适参加留美公费考试。他在上海闭门读了两个月的书，又在北京等了一个月，然后参加考试。第一场考国文和英文。国文考题是《不以规矩不能成方圆说》，他写了一篇考据的短文，说《论语》中有"不逾矩"，而没有"规矩"并列，可见"规"字晚出。结果国文得了一百分，英文得了60分，平均80分，取了第十名。第二场考西洋史、动物学、物理学等，他只临时抱佛脚准备了一下，考得很不满意，结果考了第55名，好在考送留美的公费生有70名，所以他也录取了。

我参加公费留学考试比胡适晚了36年。那时联大已经解散，清华北大都已搬回北京，我在昆明天祥中学教高三、高二英文，还兼教务主任，每天要上两小时的课，又没有参考书。因为在联大时参考书都是从图书馆借阅的，现在只好到云南大学图书馆去借了。不料云大连一本《英国文学史》都借不到，结果只好

胡适

借了几本不完整的断代英国文学去读。每天讲完两堂课后，赶快跑回小坝饭店二楼的小房间里。房里只放得下一张单人床，一张小课桌，几本借来的书。就这样临时抱佛脚准备了两三个月。那时看到天祥中学的老师们在饭后纳凉谈天，或打桥牌，悠闲自得，多羡慕啊！但这是决定我一生命运的大事，只好舍悠闲而取考试了。

冯友兰

　　国文考题中有文言翻白话，是把一段《离骚》译成语体文；还要写一篇作文，题目是《我的人生观》。后来知道，我的国文考试不及格，只得 36 分。幸亏"三民主义"不知怎么考了 64 分，两门加起来 100 分，才算合乎录取的标准。英文考题有一段英译中，一段中译英，记得翻译了飞鱼；还要写一篇一千字的短文，题目是 Youth and Age（青年和老年），很多考生都理解为《青年和时代》了。我只记得引用了一句 John Donne 的诗句："Before Age snows white hair on your head"，觉得把 snow（雪）用作动词，很形象化。结果英文得了 72 分，刚好是国文的一倍。其实这并不能代表我的水平。以上三门是公共必考课；此外还要考两门专业课：一门是"高级英文"，要写一篇两千字以上的长文，题目出了五个，我写了一篇 The Chinese Soldier（中国士兵），记得的用语有 careless alike of sunshine and rain（不管日晒雨淋）结果得了 65 分；还有一门专业课是"英国文学史"，

出了十个考题，任答八个。我的成绩是 78 分，比三年前总考时
低了 6 分，比六年前期考时低了 15 分。因为期考有指定的范围，
总考范围广泛，留学考试就更广了。我的考试成绩虽然合乎录
取的标准，但不是第一名，所以只能自费留学。所谓"自费"，
就是可以按照"官价"购买外汇，当时官价只是市价的十分之一，
自费十之八九等于是公费了。

为筹措这十分之一的外汇，我在南京美国空军顾问团做了
几个月英文翻译，发现美国军人文化水平不高，一个空军中校
还要我来改他的英文错字。但是我的薪水虽然比中国的处长高，
却比一个美国的上士还要低，坐美军的公共汽车见到军人还要
让座，深深感到美国的种族歧视，因此决定不去美国受气。我
到上海法国总领事馆去见葛布瓦总领事，觉得他非常和蔼可亲，
于是就决定去法国巴黎大学。

《胡适口述自传》是胡适用英语口述，由唐德刚译成中文
并加注解说明，在国内出版的。唐德刚是我的同代人，他在注
解中提到我在联大的级友王浩时说："那时的联大据说比我们（中
央大学）更好得多了。目前在美国颇有名气的数理逻辑专家王
浩教授，便是与笔者同年参加统考进入联大的。当我二人各吹
其母校时，王君总是说：'你们进去比我们好；出来比我们差！'"
为什么王浩说进中大的学生比联大好呢？一可能是谦辞，二可
能是那时大学统一招考，中大名列第一，联大只是第二，好学
生大约多半进名列第一的大学罢。其实，进中大的多半做官，
进联大的多半为学。不管那时还是现在，学校多是官本位的。

从前是学而优则仕，后来成了学而优则教，学而劣则仕，所以中大出来的毕业生就不如联大了。

谈到胡适的英语，唐德刚说："笔者这一辈的中国知识分子，三四十年代在国内受大中学教育时，震于胡适之……诸先生的盛名，总以为他们对中西语文的运用都是得心应手，白璧无瑕的。及长亲炙教诲，才知道幼年时代的幻觉与真实相去甚远。……胡先生英语演讲时的中国腔，也是相当的重。他……是十八九岁以后才正式运用英语会话的，因而英语始终是他的第二语言，说起来总归不像早期留学的幼童们，或现在进美国学校的孩子们说得那么自然。"我这才明白胡适之为什么说叶公超的英语说得比英美的政治家好了。其实在我听来，叶公超的英语说得远不如在美国生长的陈福田。但是中国人千万不可自卑，因为英美的政治家几乎没有一个会说汉语的。尼克松来华时说到"多少事，从来急，天地转，光阴迫，一万年太久，只争朝夕"；里根说到"海内存知己，天涯若比邻"；布什说到"两岸猿声啼不住，轻舟已过万重山"；都是用英语说的，而且英文远不如中国人译得好。至于克林顿来北京大学讲演时用的美国翻译，汉语说得结结巴巴，前言不接后语，更是有目共睹，有耳共听，比起中国青年翻译的英语来，相差简直不止十万八千里了。

《胡适口述自传》第三章《初到美国：康乃尔大学的学生生活》中说："我毕业时，我已完成了三个'程序'：哲学和心理学；英国文学；政治和经济学。"唐德刚在注解中说："今日笔者所服务的纽约州立大学，所采取的仍是和康乃尔当年类似的制度。康大以前叫'程序'（sequence）；我们现在叫'主修'（major）。学生在某系，读完经系主任所认可的 25 个学分之后，便算是该系的'主修'了。"回想起来，联大的制度基本是模仿美国大学的，所以和康大大同小异。我在联大主修外文系，英国语言文学所得的学分有四年英文作文（共 24 学分），翻译和语音学（各 4 学分），英国散文、英国诗、莎士比亚（各 6 学分），加起来是 50 学分，等于主修了语言和文学两个程序。此外，外国语言文学我选修了两年法文，两年俄文，（每年 6 学分，一共 24 学分）；必修课有欧洲文学史（8 学分），西洋小说、西洋戏剧（各 6 学分），选修课有欧洲名著选读（4 学分），加起来是 24 学分，差不多是第三主修了。此外，我还修了中国文学系的大一国文（6 学分），历史系雷海宗的中国通史、皮名举的西洋通史（各 6 学分），哲学系王宪钧的逻辑学，贺麟的哲学概论，（各 6 学分）旁听了冯友兰的中国哲学史。最后，还有法学院的政治学和经济学，理学院的生物学（各 6 学分），不过这些都不是主修了。在外系课程中，我得益最大的是冯友兰的中国哲学史，讲得最好的是皮名举的西洋通史，最不感兴趣的是生物学。

《胡适口述自传》第三章中说："中国留学生接触美国社会中最善良的男女，使中国留学生了解在美国基督教整体中的美国家庭生活和德性。"这是他在美国受到的德育。他又说："教友会的信徒们崇奉耶稣不争和不抵抗的教导。我对这一派的教义发生了兴趣，因为我本人也曾受同样的，但是却比耶稣还要早五百年的老子的不争信条所影响。"这时，他开始对中西文化的异同进行比较。他还说："我在文学院选了一门克雷敦教授所开的《哲学史》。克君不长于口才，但他对教学的认真，以及他在思想史里对各时代，各家各派的客观研究，给我一个极深的印象。他这一教导，使我对研究哲学——尤其是中西哲学——的兴趣，为之复燃。"这是他放弃原来想学的农科，改行研究哲学的一个原因。我在读了艾思奇的《大众哲学》和杜朗特的《哲学故事》之后，很感兴趣，也曾打算改行；但一听郑昕教授的《哲学概论》，却感到不得其门而入，又打消改行的念头了。

冯友兰先生讲的《中国哲学史》和克雷敦教授讲的《哲学史》有相同之处：克君不长于口才，冯先生说话也有点结巴，但是要言不烦。他曾经比较他和金岳霖先生的异同说："我们两个人互有短长。他的长处是能把很简单的事情说得很复杂；我的长处是能把很复杂的事情说得很简单。"（转引自王浩《几点感想与回忆》）这句话本身就是简单扼要的典型。我记得他在《中国哲学史》课堂上解释"仁义"两个字说："仁"者"人"也，就是做人的道理；"义"者"宜"也，就是做适宜的事情。这样复杂的道德观念，他却说得这样简单明了，简直可以说是达到了简明的极点，是中国儒家思想的小结。我后来说："'译'者'一'也，就是两种语文的统一。"也是受了冯先生的启发。

王浩还说："大约中国哲学近于文学，和人生的一些问题较易结合起来，而西方哲学常以科学为榜样，往往缺少文学的

杜威

直接性，又没有科学的可靠性。也许冯先生化复杂为简单的本
领正是中国哲学的长处，而金先生化简单为复杂的本领正是西
方哲学难于避免的短处。"这话简单扼要地说出了中西哲学的
短长：中国哲学长于综合；西方哲学长于分析。胡适也研究了
中西哲学的异同，他在《自传》第三章中说："杜威不善辞令。（这
和冯友兰也有相似之处）许多学生都认为他的课讲得枯燥无味。
（这和冯先生却不相同）他讲课极慢，一个字一个字地慢慢地
说下去。（这倒有点像梅校长说英语了）……我对杜威的多谈
科学少谈宗教的更接近'机具主义'（Instrumentalism）的思想
方式比较有兴趣。"关于"机具主义"及实验主义，唐德刚在
注解中说："杜氏主张观念必须在实验中锻炼；只有经过实验
证明，在实践上能解决实际问题的观念，才是'有价值的观念'；
也就是'知识必须自实践出发'。"

　　杜威在 1916 年写了一篇《逻辑思考的诸阶段》，胡适之说：
"杜氏认为人类和个人思想的过程都要经过……从'苏格拉底

的法则'向亚里士多德的逻辑（三段论式）之间发展的阶段。"
唐德刚在注解中说："苏氏认为天下任何事物和概念都有其'普
遍界说'的。以邓小平的'黑猫白猫'为例罢，按苏氏的法则，
则白猫黑猫皆非猫；只有捉老鼠这个普遍界说，才能概括所有
的猫。所以要找出什么是猫这条问题的答案，诸子百家不妨各
提一条，大家来开个研讨会。……柏拉图叫它作'辩证讨论'……
亚里士多德自信其才大于其老师，……因而就套出个三段论式
的推理法则来：

> 大前提：凡人必死！
>
> 小前提：胡适是人。
>
> 正确结论：胡适必死！"

唐德刚又说胡适的大不幸是"少年得志"，"七八十岁所
搞的还是二十岁所学的东西，一个人怎么有进步？这就是所有
启蒙大师的悲哀啊！"

比起胡适之来，冯友兰可以说是后来居上了。关于苏格拉
底的普遍界说，在我看来，就是冯先生说的"共相与殊相"中的"共
相"。关于柏拉图的"辩证讨论"，冯先生讲"中和之道"时说："中"
就是恰好的分量，（如一个人能吃三碗饭，三碗就是恰好的分量，
四碗太多，两碗太少，一碗半是折中，却不是恰好的分量。）"和"
是使每件事物的成分成为恰好的分量。辩证法由量变到质变是
"中"，从矛盾到统一是"和"。这又可以看出冯先生化复杂

为简单的长处了。关于亚里士多德的三段论式，我听冯先生讲过：辩证法反对形式逻辑，后者说甲是甲，前者说甲是非甲；其实应该说：甲包含非甲，甲可以变成非甲。冯先生的话确是简单明了，一语破的。

胡适在《自传》第三章中还说："这一年康乃尔大学的政治系新聘了一位教授叫山姆·奥兹……我一直认为奥兹教授是我生平所遇到的最好的教授之一。讲授美国政治和政党的专题，他实是最好的老师。"他"要本班每个学生都订三份日报——《纽约时报》是支持威尔逊（竞选总统）的，《纽约论坛报》是支持托虎托的；《纽约晚报》是支持罗斯福的。……细读各条大选消息之后，要做个摘要；再根据这摘要做出读报报告交给我"。胡适说："在我对各州的选举活动作了一番比较研究之后，我对美国的政治也就相当熟悉了。"冯友兰比胡适更进一步，他把政治和"中和之道"联系起来说：如果政治家、军人、教师等各种人要求权利不太过，要求责任不太少，就是一个民主社会。民主政治最接近"中和之道"。

关于美国的民主政治，胡适在《自传》中也有例子说明。如教授们直接参加国家大选的事，"杜威夫妇也夹在游行队伍之中"；又如有人反对选威尔逊，因为"威尔逊老婆死了不到一年，他就再娶了"。还有人说："当他作普林斯顿大学校长时，他居然给一位教授太太送花！"但威尔逊还是在"加州选票被重数了之后，以三千票的'险胜'而当选总统"！可见美国的政治民主。但是民主只是政治手段，不是目的，目的应该是世界大同。而当威尔逊提出组织国际联盟时，那是走向世界大同的重要步骤，美国国会却反对参加，可见美国民主的局限性是很大的。

那时中国的政治虽然不如美国民主，但西南联大政治系的民主风气却可以说不在美国之下。政治系主任张奚若是胡适在中国公学时代的学生。他在 1946 年讲演时曾提出："废除一党专政，取消个人独裁。"由此可见一斑。更难得的是"1957 年 5 月 1 日，毛泽东主席问张奚若先生对工作有何意见，他略思片刻，便将自己平时的感受归纳为 16 个字：'好大喜功，急功近利，鄙视既往，迷信将来'"（《世纪清华》204 页）。现在看来，这 16 个字指出了 20 世纪 50 年代工作失误的根源：要在一夜之间建成社会主义，这不是好大喜功吗？相信亩产十万斤粮食，这不是急功近利吗？批孔子批白专，这不是鄙视既往吗？要超越现实，建设共产主义社会，这不是迷信将来吗？现在听来，这些都是马后炮，事后的诸葛亮，但在当时，这不正说明联大的政治水平之高吗？所以无论谈政治，谈哲学，联大都不在当时的美国大学之下。

胡适在美国康大主修哲学、文学和政治，他的主要贡献还是文学革命。1915 年 9 月 20 日他转学到纽约哥伦比亚大学，写了一首诗给各位朋友，前两句是：

诗国革命何自始？要须作诗如作文。

他说："我认定了中国诗史上的趋势，由唐诗变到宋诗，无甚玄妙，只是作诗更近于作文！更近于说话。"又说："白话不但不鄙俗，而且甚优美适用。凡言要以达意为主，其不能达意者，则为不美。"这概括了他对诗和美的看法。冯友兰在联大作过《哲学与诗》的报告，他说：诗写可以感觉到的东西，却在里面显示出不可感觉的，甚至不可思议的东西。诗的含蕴越多越好，满纸"美"呀"爱"呀，叫人读起来一点也不美，也不可爱，这是"下乘"（即 1+1 ＜ 2）；写美写爱，如使读者觉得美，觉得可爱，这是"中乘"（即 1+1=2）；不写美爱等字，却使读者感到美和爱，才是"上乘"（即 1+1 ＞ 2）。看来这话比胡适说得玄妙多了。写诗并不近于说话。冯先生又在《论风流》一文中说："风流是一种所谓人格美，凡美都涵有主观的成分。……没有主观成分的性质的内容，是可以言语传达的。有主观成分的性质的内容，是不可以言语传达的。我可以说：一个命题与事实相合，即是真；一个行为与社会有利，即是善。但我不能说：一个事物有什么性质是美。"这和胡适说的"达意为美"又不同了。看来冯先生的理论要深刻得多。从胡适到冯友兰可以看到中国文学理论和艺术哲学的发展。

关于胡适的博士学位问题，唐德刚在注释中有详细说明："胡适写的是一篇纯汉学的论文"；"那篇光照百世，继往开来的博士论文，不幸的却被几位草包给糟蹋了。"因为"他选了个'大牌教授'杜威作论文导师。大牌教授声望高，治学忙，名气大，一切都不在乎。……中文一字不识；胡氏论文他可能根本未翻过，好坏全不知情。胡氏得博士不得博士，关他的事！他的学生本来就是一半以上不及格的"。结果胡适1917年论文答辩，1927年才拿到哲学博士学位。比起他来，冯友兰可要幸运得多。他1919年留美读哥伦比亚大学，1923年就得了哲学博士学位。他比胡适晚去哥大四年，却早四年得到博士。他的博士论文题为《中西哲学人生观的比较》，文中不少真知灼见。如他总结中国古代政治为礼乐之治：礼模仿自然界外在的秩序，乐模仿自然界内在的和谐。后来我在北京大学开设《中西文化比较》课程，就用他的论文作为参考，并把"礼乐之治"简化为"礼治"，又把民国时期的官僚统治称为"吏治"，再把阶级斗争称为"力治"，市场经济称为"利治"，"三个代表"称为"理治"，这都是受到冯先生的启发。由此也可看出：联大教育不在美国一流大学之下，西南联大是当之无愧的世界一流大学。

朱自清和胡适

朱自清

朱自清在他的名作《桨声灯影里的秦淮河》中，谈到他同俞平伯夜游秦淮河，河上的歌妓请求他们点歌让她们唱，他们两人都拒绝了。朱自清在文中写道："她们于我们虽然没有很奢的希望；但总有些希望的。我们拒绝了她们，无论理由如何充足，却使她们的希望受了伤；这总有几分不做美了。这是我觉得怅怅的。""平伯呢，却与我不同。他引周启明先生的诗，'因为我有妻子，所以我爱一切的女人；因为我有子女，所以我爱一切的孩子。'他的意思可以见了。他因为推及的同情，爱着那些歌妓，并且尊重着她们，所以拒绝了她们。"由此可以看出他们那一代人对女性的态度。俞平伯更重理性，将心比心；朱自清更重感情，不忍伤害别人，但都一样尊重、同情女性，比起一千年前夜泊秦淮的诗人杜牧来，就大不相同了。

他们那一代知识分子做人的共同点可能是将心比心，不伤害人。例如浦江清有一个女朋友孙瑞兰，他在 1932 年 1 月 11 日的日记中说："女士所作日记极隽，她仅读至高中一年级，即辍学而自修国文及英文，英文能自读《威克斐牧师传》，国文则白话文言皆出禹言（浦江清的朋友）之上，聪慧绝伦。于去冬罹猩红热症卒，年仅二十一。女士曾伴我游陶然亭，访香冢，春夜游中央公园观芍药，又喜听余诵英文诗，谓声调沉哀独绝，而余在《大公报》所发表之文字亦蒙其细心阅读，评论得失。其家待我甚厚，禹言颇妒余也。"浦江清喜欢孙瑞兰，两人一同谈诗论文，赏花观景，相得甚欢，但是因为他的朋友陆禹言妒忌，他不忍伤害朋友，就半年没有去看望瑞兰，不料她却得病去世了。由此可见他为人处世之道。她去世后，浦江清写了一副挽联：

比以丁香之素洁，拟以兰荃之幽芳；最难者至性胜人，承慈亲以欢笑，听哀曲而下泪；似此聪明，恐叶小鸾原由仙谪。

肯为家庭而牺牲，敢为爱情而奋斗；方喜得同心俊侣，盼圆月今何时？伤白露之先零；如彼薄命，恨女娲氏未补情天。

浦江清把她比作素净的丁香，幽雅的兰花，说她天性胜过别人，常常博得父母的欢笑，听了哀婉的英文诗却会流下眼泪。这样聪明的女子恐怕是仙女下凡罢。下联中的"同心俊侣"指的是要和她结婚的陆禹言，"盼圆月"就指团圆的婚期。不幸她像白露一样凋零了，如此红颜薄命，只怪女娲补天的时候没有用青埂峰下的玉石去补情天了。"承慈亲以欢笑"就是将自己的心比父母的心，"听哀曲而下泪"则是将自己的心比诗人的心，由此可见他们是如何将心比心的。

　　中国知识分子这种推己及人的思想，在周启明的诗中已经提到，最著名的事例可能是胡适和江冬秀的婚姻。胡适是新文化运动的先锋，却成了旧式婚姻的牺牲品，在台湾甚至被推选为"惧内协会"的会长，因为据说他推行了新的"三从四德"：太太下命令要服从，上街要随从，发脾气要盲从；太太买东西要舍得，发脾气要忍得，生日要记得，出门打扮要等得。这里故意把"四德"改成"四得"了。为什么胡适不解除旧式婚约呢？他在 1921 年 8 月 30 日的日记中说过："我不过心里不忍伤几个人的心罢了。假如我那时忍心毁约，使这几个人终身痛苦，我良心上的责备，必然比什么痛苦都难受。"1918 年 5 月 2 日，他在给友人的信中说："吾之就此婚事，全为吾母起见，……今既婚矣，吾力求迁就，以博吾母欢心。"并且他给母亲写过白话诗说：

岂不爱自由？

此意无人晓。

情愿不自由，

也是自由了。

　　胡适是朱自清的老师，他们怕伤害人的思想是一脉相承的，但对待歌妓的态度却有所不同。在这点上，胡适在年轻时继承了古代文人的风流传统。如杜牧曾有诗说："落魄江湖载酒行，楚腰纤细掌中轻。十年一觉扬州梦，赢得青楼薄幸名。"18岁时，胡适自己说："从打牌到喝酒，从喝酒又到叫局，从叫局到吃花酒，不到两个月，我都学了。"还留下了一首《岁暮杂感》，前四句是：

> 客里残年尽，
>
> 严寒透画帘。
>
> 霜浓欺日淡，
>
> 裘敝苦风寒。

他自己把"日淡霜浓可奈何"改后，译成英文如下：

How proudly does the wintry frost scorn the powerless rays of the sun！

可见他把自己比做"淡日"，把花天酒地的生活比做"浓霜"。而对朱自清来说，"浓霜"可能是"忧郁感"，解决的办法是成对成双。对浦江清来说，"浓霜"可能是"怅然"，解决的办法是写诗填词或做对联，都比胡适进了一步。

胡适不但继承了中国文人的传统，到美国后，更吸收了西方的文化，爱上了美国女郎韦莲司。他在日记中写道："吾自识吾友韦女士以来，生平对于女子之见解为之大变，对于男女交际之关系亦为之大变。女子教育，吾向所深信也，惟昔所注意，乃在为国人造良妻贤母以为家庭教育之预备，今始知女子教育之最上目的乃在造成一种能自由能独立之女子。国有能自由独立之女子，然后可以增进其国人之道德，高尚其人格。"他和韦莲司在绮色佳湖畔散步，写了一首情诗：

隔树溪声细碎，迎人鸟唱纷哗，共穿幽径趁溪斜。
我和君拾葚，君替我簪花，更向水滨同坐，
骄阳有树相遮，语深浑不管昏鸦。
此时君与我，何处更容他？

这首情诗比朱自清的游山玩水，比浦江清的观景赏花，都要亲密得多，在感情上，又向前迈进了一步。但是20年后，1935年秋，胡适同他的婚外恋人曹佩声来到绮色佳，她也写了一首《踏莎行—绮色佳的秋色》：

飒飒西风，吹将秋老，溪清瀑浅溅声小，
绿阴渐解瘦枝头，屏林换上银红袄。
一抹斜阳临湖照，远山近水都含笑，
争前问我比西湖，是谁输却三分俏？

这首词中，溪声依旧，只是红花换了秋叶，骄阳成了斜阳，山水却都含笑，西湖也要和人比俏。这样移情山水，简直可以和拜伦的《波河之歌》争辉比美了。到了我们这一代人，绮色佳的情诗变成了阳宗海的恋歌：

青山恋着绿水，山影在水中沉醉。

第一次掺着意中人的手，肩并肩走下山丘，

惟恐手上的余香，会流入遗忘的时光，

就把手和十九年的生命，投入一千九百岁的湖心，

要溶出一湖柔情，和绿水一样万古长青。

在这首恋歌里，人和山水合而为一了，时间和空间没有了界限，记忆渗入了遗忘之中，遗忘反倒被遗忘了；感情发出了万古长青的芳香，弥漫在宇宙之间，铸造出了永恒。我在那一夜的日记中写道："让时间永远停留在这里吧！地球不要再转，月亮不要落下，太阳不要出来！因为这是我最甜蜜的一夜啊！让我们就这样永远呆下去吧：手挽着手，眼吻着眼。什么金钱？什么名位？我只要这样甜蜜的一夜啊！"

但时间是不会停留的。到了抗日战争时期，胡适在美国做大使，曹佩声在国内。1943年6月19日，她写了一首《虞美人》，纪念20年前她和胡适在杭州栖霞洞团聚的日子，下半首四句是：

朱颜青鬓都消解，惟剩痴情在。

廿年孤苦月华知，一似栖霞楼外数星时。

关于胡适和曹佩声在杭州的生活，徐志摩在1923年10月

20 日的日记中有一段记载："我们第一天游湖，逛了湖心亭——湖心亭看晚霞看湖光是湖上少人注意的一个精品——看初华的芦荻，楼外楼吃蟹，曹（佩声）女士贪看柳梢头的月，我们把桌子移到窗口，这才是持螯看月了！夕阳里的湖心亭，妙；月光下的湖心亭，更妙。晚霞里的芦雪是金色，月下的芦雪是银色……曹女士唱了一个《秋香歌》，婉曼得很。"胡适在 10 月 3 日的日记中也写过："睡醒时，残月在天，正照着我头上，时已三点了。这是在栖霞洞看月的末一次了。下弦的残月，光色本惨惨，何况我这三个月中在月光之下过了我一生中最快活的日子！今当离别，月又来照我，自此一别，不知何日再继续这三个月的烟霞洞山月的'神仙生活'了！枕上看月徐徐移过屋角去，不禁黯然神伤。"后来他写了一首诗：

依旧是月圆时，依旧是空山，静夜；
我独自月下归来，这凄凉如何能解？
翠微山上的一阵松涛，惊破了空山的寂静，
山风吹乱了窗纸上的松痕，吹不散我心头的人影。

胡适心头的人影就是曹佩声。

这使我想起了和如萍夜游西坝的往事。那一夜昆明的月色特别美，环城的林阴大道仿佛铺上了如水的银光，高耸入云的尤加利树叶和云影混成了一片，分不清是云影还是树影。如萍穿了一件浅蓝色的旗袍，一件灰色方格的西服上装，显得身影婀娜，风姿绰约。我挽着她的腰，走上了海埂的小堤，并立在树影下，要她看天上的七姊妹星。她只看到六颗，我说："远在天边，近在眼前，你怎么看不见？还有一颗星看见人间的月色太美，就下凡来变成你了！"不料秋风起兮云飞扬，姊妹星也随风而去，飞回了天上，我就写下了一首《海滨之恋》：

平静的海洋，像蓝色的圆镜，照着青天的面影。

青天正在梳妆，头上戴起朝阳，

嘴唇抹上红霞，头发梳成层云，仿佛插满了银花。

微风拂着青天的脸颊，青天嫣然一笑，海上立刻晴波荡漾。

清晨的海洋，我愿躺在你的胸膛，

抚摸你翠玉般的肌肤，随着你的波涛起伏，

听着你轻匀的喘息，使你的呼吸也变成我的；

让我这一片刻，就变成海水一滴，溶化在你永恒的青春里！

汹涌的海洋，你为什么掀起一片白浪？

难道激动人心的爱情，也在折磨你的心灵？

谁是你的恋人？是不是俊伟的太阳神？

你为了谁急得头白如雪？是不是为了迷人的明月？

你在向谁吐露衷情？是向出没无常的星星？

请它们化为甜蜜的甘霖，落入你痛苦的心灵，

中和你满腔的苦水，使你变得芬芳，令人陶醉？

你是不是想请白云做信差，向青天倾吐你的痴爱，

使无情的青天也变得多情，使白头的浪花也变得年轻！？

朱自清和鲁迅

　　"任何学科，中人之资学之，可得中等成就，对社会多少有所贡献；不若艺术特别需要创造才能，不高不低，不上不下之艺术家，非特与集体无益，个人亦易致书空咄咄，苦恼终身。""艺术乃感情与理智之高度结合，对事物必有敏锐之感觉与反应，具备了这种条件，方能有鉴赏；至若创造，则尚须有深湛的基本功，独到的表现力。""真正成功的艺术家，往往较他种学者为尤少。"

——《傅雷论艺札记》

　　在西南联大中国文学系的教授中，我知道得最早的是朱自清先生。在小学课本中我就读过他的《背影》，内容是回忆劳碌奔波的父亲到火车站来为儿子送行的往事。但那时我从来没有离开过家，也没去过火车站，所以不能体会儿子看到父亲离开车站时的背影，会有什么样的感情。使我联想起来的，倒是乡下大伯给我们讲过《三国演义》中张飞的背影。张飞攻打严颜，严颜死守城池，不敢出战；张飞就假装撤兵。严颜看见张飞一马当先的背影，再领兵出城来攻打后军。不料

鲁迅

一马当先的是个假张飞，真张飞从后军中杀出来，活捉了严颜，攻破了城池。这个故事给我印象之深，远远超过了《背影》。可见小学生喜欢听英雄事迹，并不了解人间真情。后来读到朱自清的《匆匆》，非常喜欢开头几句："燕子去了，有再来的时候；杨柳枯了，有再青的时候；桃花谢了，有再开的时候。但是，聪明的，你告诉我，我们的日子为什么一去不复返呢？"我在作文中模仿了这几句，结果得到了 95 分。可见我小时候就喜欢排比对仗，这为我后来的诗词翻译打下了基础。

我在小学六年级时开始读鲁迅的作品，第一篇是描写小人物的《孔乙己》。以前读的课文多是写英雄伟人的，我不懂为什么要写一个偷书被打断腿的穷书生。可见那时我对现实世界缺少了解，缺乏同情。第二篇是讽刺现实社会的《聪明人和傻子和奴才》：奴才诉苦，聪明人只表示同情，并无行动；傻子却帮奴才改善生活，要为他开一个窗口，反被奴才赶走。我那时理解的聪明人是打破水缸救人的司马光，用船称象的曹冲，不懂一个人只说不做怎么可以算是聪明？直到几十年后，看到只说不做的人专门批评整人，做得多说得少的人反而挨批挨整，这才知道明哲保身的聪明，这才明白鲁迅的世故。到了国外，看到动手的人发财致富，不动手的人在街头乞讨，这才又明白各尽所能，按劳分配不是一句空话，而是要实行的。到底是动口的人还是动手的人聪明呢？那就要看是什么社会了。鲁迅几十年前的讽刺是否还有现实意义呢？

小学时代，我喜欢读的是旧小说：《三国》《水浒》《西游》《封神》《说唐》《说岳》《征东》《征西》《江湖奇侠传》等。到了初中一年级，我开始读张恨水的社会言情小说和外国的侦探小说，还读了荷马的《伊利亚特》和《奥德赛》。我觉得福尔摩斯和亚森罗平的侦探案比中国的《包公案》和《彭公案》

《孔乙己》图书封面

《阿Q遗像》 丰子恺 绘

更有趣，荷马史诗却不如《西游》《封神》，因为外国的神仙都是凡人，不如中国的神通广大。我还读了郭沫若翻译歌德的《少年维特之烦恼》，觉得不如张恨水的《落霞孤鹜》情节曲折，可见我那时轻情重事。不过更重要的是，我读了鲁迅的《呐喊》，但只喜欢《阿Q正传》，觉得阿Q精神可笑。不料到了"文化大革命"期间，看见多少说真话的人遭殃，说假话的人得意洋洋。阿Q说假话是没有自知之明，并不损人利己，比起伤天害理的"文革英雄"来，不知道要好多少了。

除了《阿Q正传》以外，其他小说都似懂非懂。直到进了联大，听了朱自清等的讲解后，才知道鲁迅的深刻。如《狂人日记》写吃人的旧社会把正常的人逼成疯子；《药》写群众的愚昧，

郭沫若

革命者为了医治国家的弊病而抛头颅、洒热血，群众却用沾满
了革命者鲜血的馒头做药来治病。《故事新编》中的《眉间尺》
则是赞美复仇，讽刺懦夫和帮闲者的作品。但是到了"文革"期间，
多少革命者被打成了反革命；复仇更是发展到了登峰造极的地
步，为了舞台或文坛的恩怨，多少人含冤而死！懦夫成了告密
的人，帮闲者更成了打手帮凶。正是"十二亿人齐解甲，更无
几个是男儿！"即使鲁迅复生，能写得出那个时代的愚昧吗！？

朱自清不但讲解现代文学，对古代文学也很有研究。关于
《诗经》的"比兴"，他就说过："比体诗"有四大类：咏史（以
古比今），游仙（以仙比俗），艳情（以男女比君臣），咏物
（以物比人）。这个分析非常中肯，《离骚》中都可找到例子：
咏史如用夏桀来比楚王；游仙如用神话中的羲和来比太阳；艳
情如用香草美人来比君臣；咏物如用野花杂草来比奸贼。不料
到了"文革"时期，"比兴"也出了问题：吴晗的《海瑞罢官》

被说成是借古讽今，"太阳有黑子"被说成是讽刺毛主席有缺点，吕后成了共产主义有女皇的借口，"龙生龙，凤生凤，老鼠的儿子会打洞"却成了阶级出身论的根据。假如朱自清复生，恐怕也要啼笑皆非了。

朱自清讲古代文学，可以《古诗十九首》第一首为例，他认为《十九首》是我国最古的五言诗，除了《诗经》之外，《十九首》是古诗最重要的代表。题材是民间的，但并不是民间作品，而是文人的仿作，不过作者的个性看不出来而已。诗人常用暗示或比喻的手法，比喻可以用古事成语，也可以用眼前景物。其实，典故也是比喻的一类。《十九首》开始两句："行行重行行，与君生别离。""生别离"来自《楚辞》"悲莫悲兮生别离"，作者用下文暗示上文，可见他是文人。读者如能知道所引用的全句，就可以联想到"悲"的含义，这样，诗句就增加了力量，就是所谓的词短意长。以技巧而论，这是很经济的，典故的作用也就在这里。后面"胡马依北风，越鸟巢南枝"两句，朱先生说有三种解释：一是"不忘本"，希望游子不要忘记故乡；二是"哀其生"，就是哀叹游子飘泊天涯的意思；三是"同类相亲"，希望游子留恋故乡的父老乡亲以及思妇自己。这样引用比喻，是说物尚有情，何况是人？既是劝说，也是愿望，用比喻代替叙述，就是暗示的力量。这两句看起来把上下文隔断了，其实是藕断丝连的，因为下面接着就说："相去日已远，衣带日已缓。"衣带缓只是结果，人瘦才是原因，这句等于说：思君令人瘦。用结果来显示原因，也是暗示手法。下面两句："浮云蔽白日，游子不顾反。"朱先生说有两种可能：一是游子在乡里被人所害，远走高飞，不想回家；二是乡里是非黑白不分，所以游子宁愿离乡背井；前者是专指，后者是泛指。最后几句"思君令人老，岁月忽已晚。弃捐勿复道，努力加餐饭。"朱先生说："思君令人老"和"衣带日已缓"是反复说一个意思，"这种回环复沓，是歌谣的生命；许多歌谣没有韵，专靠这种组织来建筑它们的体格，表现那强度的情感。"最后两句，"解者多误以为全说的诗中主人自己。……'加餐'明明是汉代通行的慰勉别人的话语，不当反用来说自己。"所以是思妇在含恨地说："反正我是被抛弃了，不必再提罢；你只保重自己好了。"总之，朱先生说："所谓诗中主人，可并不一定是作诗人；作诗人是尽可以虚拟各种人的口气，代他们立言的。"我将后半英译如下：

Northern steeds love cold breeze,

And southern birds warm trees.

The farther you're away;

The thinner I'm each day.

The cloud has veiled the sun;

You won't come back, dear one.

Missing you makes me old;

Soon comes the winter cold.

Alas！ Of me you're quit;

I wish you will keep fit.

朱自清与陈竹隐

《朱自清日记选录》（1949 年版）中可以看出一代知识分子的心态、性格、处理人际关系的准则、人生价值的取向，以及个人命运的轨迹。如 1945 年 3 月 19 日记："（闻一多）'认为罗某在文学方面造诣不深，因其对西方文学之进展一无所知。'其言甚是。"由此可见他们二人知人论事，意见一致，并且直述己见，没有顾虑。又如 1942 年 3 月 28 日记：冯友兰告知教育部聘汤用彤、陈寅恪为部聘教授，此举目的在于国立大学间交流教授和建立教授荣誉制度。冯的看法："这些设想，分别来看是好的，但不加区别地合在一起，就会弄得一团糟。"朱的看法："其言甚是。"恰好《吴宓日记》同年 3 月 25 日记："又（教育）部函，以宓为英国文学部聘教授之候选人，F．T．（陈福田）似有不悦之色。"由此可见当时的教育部有知人善任的一面，而知识分子也有文人相轻的一面，但以权压人就远不如今天了。

更难得的是《朱自清日记》中有他和夫人陈竹隐的心态描绘。如 1933 年 1 月 28 日说：他实在爱竹隐，不愿和她分离；竹隐似乎也相当爱他，但并不在乎短暂的分离。结婚以来，她对清华大学的寂寞生活，始终不能习惯，口里虽然不说，心里实在是这样。即使是同样的饭菜，她也觉得人多同吃更有趣味。这种情况如果勉强维持下去，实在难为了她；但若为长久打算，那就不太好了。"现在办法，只有想法使她在清华园也能有些快乐；天气渐暖，动的机会也许多些。但我们皆是 30 岁左右的人。各人性情改变不易；暂时隐忍，若能彼此迁就，自然好极，万一不能，结果也许是悲剧的。自问平素对事尚冷静，但隐不知如何耳。说起来隐的情形，我一向似乎并未看清楚，可是不觉得如此，现在却觉得了解太少。一向总以自己打比方来想象她的反应，现在渐觉不然，此或许是四川人与江浙人不同处。"

《日记》接着写道："隐的好处不少，如知甘苦，能节俭等，非常令人感念。又非常大方，说话也有条理。她唱戏的身段也非常美妙灵活，画虽非上上，工力也还可观。余对不起她者，她最近生病余太冷淡，不能使她娱悦，教病好得快些，这是我的不好。生平最怕人生病，觉得屋里空气太沉寂，非常受不了。觉得病人噜噜嗦嗦，总是太看重生命。其实余病时亦甚善扰人，所幸余决不常病耳。此恐甚伤她心，虽然不说出。余所以劝其往城内住一星期者，亦系补行安慰之意。今日七嫂言在清华怕不活动些，所以病了；在城内多住几天，等全好了再回，岂不是好？余心一震，盖余终不能忘却久长之计也。

"每遇隐有欲离我之意，余即作种种梦，梦到将来种种恶果，到平（北平，即今北京）以来，连此已第三次或第四次。此种幻想，足以扰乱神经，予心中感情，可以 gloomy（忧郁）一字表之。出洋前时有此感，出洋后渐好；结婚后亦无此感，……

"今日上车时，看见别人皆是一对一对的，人都问我太太，心中非常 gloomy，此层当令隐知之。"

第二天（3月29日）《日记》中说："下午五时余，隐归，告以昨日甚痛苦，隐日知之。知之而犹为之，亦可谓不在乎矣。

又以昨日上车时情形告之，一笑而已。又去以泣，则曰又泣乎？……余心伤已极。适浦公（浦江清）来，与同赴（叶）公超处，未告隐。到灯将灭时始归，睡时兴致索然。"

　　这两天的日记写到夫妇性格的差异：朱自清好静，比较现实；陈竹隐好动，比较浪漫。关于这点，《浦江清日记》中早有暗示，说"她对佩弦追求太急"，所以夫妇之间了解不深。好在朱自清善于体贴，将心比心，所以矛盾容易化解；即使苦闷，也可以找浦江清、叶公超等朋友谈谈，减少忧郁。这些都说明了一代知识分子是如何处理人际关系的。至于说病人"总是太看重生命"的问题，更可以看出朱自清对人生价值的取向，所以后来宁死不吃美国救济粮，就不足为怪了。

名师风采

　　　　　　　　　　　　　　（一）

　　　　　　　　　孤帆远影碧空尽，

　　　　　　　　　惟见长江天际流。

　　　　　　　　　　　　　　——李白《送孟浩然》

　　联大常委、清华大学梅贻琦校长有一句名言，大意是说：大学不是有大楼，而是有大师的学府。谈到大师，清华国学研究院有梁启超、王国维、陈寅恪、赵元任四位。梁启超在 1929 年已经去世，我读过他 1922 年 5 月 21 日在清华文学社讲的《情圣杜甫》，演讲中说：杜甫写《石壕吏》时，"他已经化身做那位儿女死绝、衣食不给的老太婆，所以他说的话，完全和他们自己说的一样。……这类诗的好处在真，事愈写得详细，真情愈发挥得透彻。我们熟读它，可以理会得真即是美的道理。"从这个例子中，可以看出梁任公是如何把西方的文艺理论和中国的古典诗词结合起来的。

梁启超

据说 1926 年诗人徐志摩和陆小曼结婚时，是请梁启超做证婚的，不料他却在婚礼致辞的时候，用老师的身份教训他们说："徐志摩，你这个人性情浮躁，所以做不好学问；徐志摩，你用情不专，以至于离婚再娶……陆小曼，你要认真做人，你要尽妇道之责，你今后不可以妨害徐志摩的事业……"从这篇闻所未闻的婚礼致辞中，也可以想见任公的为人。我虽然没有亲受教诲，但读了这些"雪泥鸿爪"，也就如闻其声，如见其人了。

王国维是 1925 年来清华国学研究院任教的，他的《人间词话》是我国古代文艺理论和美学思想的一个总结。他提出的"境界说"对我很有启发。我把他的理论应用到翻译上，提出了文学翻译应该达到"知之、好之、乐之"三种境界。所谓"知之"，犹如晏殊《蝶恋花》中说的："昨夜西风凋碧树，独上高楼，望尽天涯路。"西风扫清了落叶，使人登高望远，一览无遗。就像译者清除了原文语言的障碍，使读者对原作的内容可以了如指掌一样。所谓"好之"，犹如柳永《凤栖梧》中说的："衣带渐宽终不悔，为伊消得人憔悴。"译者如能废寝忘食，流连忘返，即使日渐消瘦，也无怨言，那自然是爱好成癖了。所谓"乐之"，犹如辛弃疾《青玉案》中说的："众里寻他千百度，蓦然回首，那人却在灯火阑珊处。"这说出了译者"山重水复疑无路，柳暗花明又一村"的乐趣。使读者"知之"是"第一种境界"或低标准，使读者理智上"好之"是"第二种境界"或中标准，使读者感情上"乐之"是"第三种境界"或高标准。

　　赵元任被誉为"中国语言学之父"。我在小学时就会唱他作的歌："枯树在冷风里摇，野火在暮色中烧，西天还有些残霞，教我如何不想他？"1920年他在清华国学研究院任教，为英国哲学家罗素做翻译。每到一个地方演讲，他都用当地话翻译，他模仿得这样像，本地人都错认他是同乡了。谈到译诗，他也说过："节律和用韵得完全求信。"又说："像理雅各翻译的《诗经》跟韦烈翻译的《唐诗》，……虽然不能说味如嚼蜡，可是总觉得嘴里嚼着一大块黄油面包似的。"这些话对我很有启发，后来我译《诗经》和《唐诗》，就力求传达原诗的"意美、音美、形美"。所谓"意美"，就是既不能味同嚼蜡也不能如嚼黄油面包；所谓"音美"，就包括用韵得求信；所谓"形美"，就包括"节律得求信"。

赵元任

陈寅恪

在四位大师中，梁、王都在 20 世纪 20 年代去世，赵元任自 1938 年起，长期在美国任语言学会会长，所以我只见过陈寅恪一人。他来清华是梁启超推荐的，据说校长问梁："陈是哪一国博士？"梁答："他不是博士。"校长说："既不是博士，又没有著作，这就难了！"梁启超愤然说："我梁某也没有博士学位，著作算是等身了，但总共还不如陈先生寥寥数百字有价值，因为他能解决外国著名学者所不能解决的难题。"校长一听，才决定聘陈来清华任导师。他在清华住赵元任家，因为他"愿意有个家，但不愿成家"。赵同他开玩笑说："你不能让我太太老管两个家啊！"他才成了家。

1939 年 10 月 27 日，我在昆中北院一号教室旁听过陈先生讲《南北朝隋唐史研究》，他闭着眼睛，一只手放在椅背上，另一只手放在膝头，不时发出笑声。他说研究生提问不可太幼稚，如"狮子颔下铃谁解得？"解铃当然还是系铃人了。（笑声）问题也不可以太大，如两个和尚望着"孤帆远影"，一个说帆在动，另一个说是心在动，心如不动，如何知道帆动？（笑声）心动帆动之争问题就太大了。问题要提得精，要注意承上启下的关键，如研究隋唐史注意杨贵妃的问题。因为"玉颜自古关兴废"嘛。

北大名师林语堂到美国去了，他写的《人生的艺术》选入了联大的英文读本；他本人也回联大作过一次讲演。记得他说过：我们听见罗素恭维中国的文化，人人面有喜色；但要知道：

倘使罗素生在中国，他会是攻击东方文化最大胆、最彻底的人。罗素认为中国文化有三点优于西方文化：一是象形文字高于拼音文字，二是儒家人本主义优于宗教的神学，三是"学而优则仕"高于贵族世袭制，所以中国文化维持了几千年。但儒家伦理压制个性发展，象形文字限制国际交往，不容易汇入世界文化的主流，对人类文明的客观价值有限，所以应该把中国文化提升到世界文明的高度，才能成为世界文化的有机成分。

北大的朱光潜也没有来联大，而是到武汉大学去了。我读过他的《谈美》和《诗论》等书，得益匪浅。后来我把毛泽东诗词译成英文、法文，就把译文和译论一同寄去请教，得到他1978年1月8日的回信说："意美、音美和形美确实是做诗和译诗所应遵循的。"这给了我很大的鼓舞，因为当时的译坛是分行散文的一统天下。他还告诉我：有人写过80封讨好江青的信，要删去毛泽东诗词中"我失骄杨""东临碣石"等的注解，大家就说这80封信是"胡笳八十拍"。朱先生还写了一首讽刺诗说：

> 琵琶遮面不遮羞，
>
> 树倒猢狲堕浊流。
>
> 不注骄杨该万死，
>
> 雷轰碣石解千愁。

1983年我来北大任教，朱先生那时87岁了，还亲自来看

朱光潜

我，赠我一本《艺文杂谈》，书中说到："诗要尽量地利用音乐性来补文字意义的不足。"又说："诗不仅是情趣的意象化，尤其要紧的是情趣的形式化。"我从书中找到了译诗"三美论"的根据。

朱光潜虽然没有来联大，朱自清却是联大中国文学系主任。早在 1924 年，两位朱先生就在上虞春晖中学同事，朱自清教国文，朱光潜教英文。1931 年我在小学六年级时读过朱自清的《背影》，但我喜欢的不是这篇描写父子真情、朴实无华的课文，而是更能打动幼小心灵的那一篇："桃花谢了，有再开的时候；燕子去了，有再来的时候；消逝了的日子，却一去不复返了。"

1938 年来联大后，居然在大一《国文》课堂上，亲耳听到朱先生讲《古诗十九首》，这真是乐何如之！记得他讲《行行重行行》一首时说："胡马依北风，越鸟巢南枝"两句，是说物尚有情，何况于人？是哀念游子漂泊天涯，也是希望他不忘故乡。用比喻替代抒叙，诗人要的是暗示的力量；这里似乎是断了，实际是连着。又说"衣带日已缓"与"思君令人瘦"是一样的用意，是就结果显示原因，也是暗示的手法；"带缓"
的结果，"人瘦"是原因。这样回环往复，是歌谣的生命；有
些歌谣没有韵，专靠这种反复来表现那强度的情感。最后"弃
捐勿复道，努力加餐饭"两句，解释者多半误以为说的是诗中
主人自己，其实是思妇含恨的话："反正我是被抛弃，不必再
提罢；你只保重自己好了！"朱先生说得非常精彩。后来我把
这首诗译成英文，把"依北风"解释为"不忘北国风光"，就
是根据朱先生的讲解。

　　其实，这一年度的大一《国文》真是空前绝后的精彩。中
国文学系的教授，每人授课两个星期。我这一组上课的时间是
每星期二、四、六上午11时到12时，地点在昆华农校三楼大教室。
清华、北大、南开的名教授，八仙过海，各显神通。如闻一多讲《诗
经》，陈梦家讲《论语》，许骏斋讲《左传》，刘文典讲《文
选》，唐兰讲《史通》，罗庸讲《唐诗》，浦江清讲《宋词》，
魏建功讲《狂人日记》等。真是老师各展所长，学生大饱耳福。

　　记得1939年5月25日，闻一多讲《诗经·采薇》，他说：
"昔我往矣，杨柳依依。今我来思，雨雪霏霏。"这是千古名句，
写出了士兵的痛苦，达到了情景交融的境界。他讲时还摸着抗
战开始时留下的胡子，流露出无限的感慨。朱光潜在《诗论》
中也讲过《采薇》，他说："这四句话如果译为现代的散文，则为：

　　从前我去时，杨柳还正在春风中摇曳；

　　现在我回来，已是雨雪天气了。

原诗的意义虽大致还在，它的情致却不知走向何处去了。义存而情不存，就因为译文没有保留住原文的音节。实质与形式本来平行一致，译文不同原诗，仅在形式，实质亦并不一致。比如'在春风中摇曳'译'依依'就是勉强，费词虽较多而涵蓄却较少。'摇曳，只是呆板的物理，'依依'却含有浓厚的人情。诗较散文难翻译，就因为诗偏重音而散文偏重义，义易译而音不易译。"闻先生宏观的综合，朱先生微观的分析，对我帮助很大。我后来把这四句诗译成英、法文时，就不但是写景，还是传情；不但存义，还要存音。所以我把原文的四个字译成英、法文的四个音节，并尽可能押韵。例如"依依"二字，我译成"依依不舍地流下了眼泪"，用拟人法来传情达意；"雨雪霏霏"，英文我译成"大雪压弯了树枝"，用树枝的形象来隐射劳苦压弯了腰肢的士兵；法文却利用岑参《白雪歌》中"千树万树梨花开"的形象，译成"白雪在枝头开花"了。法文"开花"（en fleurw）和第二句的"流泪"（en pleurs）押韵；英文"眼泪"（tear）和我离开"这里"（here）押韵，"树枝"（bough）和"现在"（now）我回来押韵。译完之后，觉得无论情意音形，都胜过了现代散体译文，且证明了我的"三美论"提得不错。如果译文使读者"知之、好之、乐之"，那就算不辜负闻、朱二先生的教诲了。

2月28日，陈梦家先生讲《论训·言志篇》，讲到："莫春者，春服既成，冠者五六人，童子六七人，浴于沂，风乎舞雩，咏而归。"他挥动双臂，长袍宽袖，有飘飘欲仙之概，使我们知道了孔子还有热爱自由生活的一面。有一中文系同学开玩笑地问我："孔门弟子七十二贤人，有几个结了婚？"我不知道，他就自己回答说："冠者五六人，五六得三十，三十个贤人结了婚；童子六七人，六七四十二，四十二个没结婚；三十加四十二，正好七十二个贤人，《论语》都说过了。""五六"二字一般指"五或六"，有时也可指"五乘以六"，从科学观点看，这太含糊；从艺术观点看，这却成了谐趣。

刘文典是一位才高学广，恃才自傲的狷介狂人。《清华暑期周刊》1935 年 7 月登了一篇《教授印象记》，说他"是一位憔悴可怕的人物。看啊！四角式的平头罩上寸把长的黑发，消瘦的脸孔安着一对没有精神的眼睛，两颧高耸，双颊深入；长头高举兮如望空之孤鹤；肌肤瘦黄兮似僻谷之老衲；……状貌如此，声音呢？天啊！不听时犹可，一听时真叫我连打几个冷噤。既尖锐又无力，初如饥鼠兮终类寒猿……他计《圆圆曲》，如数家珍，……"他讲曹丕《典论·论文》，一边讲一边抽烟，一支接着一支，旁征博引，一小时只讲了一句。文中讲到："文人相轻，自古而然。""文人善于自见，而文非一体，鲜能备善，是以各以所长相轻所短。""常人贵远贱近，向声背实。"他讲得头头是道。其实他轻视作家，公开在课堂上说："陈寅恪才是真正的教授，他该拿 400 块钱，我该拿 40 块钱，沈从文只该拿 4 块钱。"有一次跑空袭警报，他看到沈从文也在跑，便转身说："我跑是为了保存国粹，学生跑是为了保留下一代希望，可是该死的，你干嘛跑啊！"他不但轻视文人，当他做安徽大学校长的时候，甚至顶撞蒋介石说："你是总司令，就应该带好你的兵；我是大学校长，学校的事由我来管。"结果蒋介石关了他好几天，鲁迅《二心集》中都有记载。

罗庸讲杜诗。如果说梁任公讲杜诗侧重宏观的综合，那么罗先生却侧重微观的分析。如《登高》前半首："风急天高猿啸哀，渚清沙白鸟飞回。无边落木萧萧下，不尽长江滚滚来。"罗先生说这首诗被前人誉为"古今七律第一"，因为通篇对仗，而首联又是当句对："风急"对"天高"，"渚清"对"沙白"；一、三句相接，都是写所闻，二、四句相接，都是写所见。在意义上也是互相紧密联系：因"风急"而闻落叶萧萧，因"渚清"而见长江滚滚。全诗融情于景，非常感人，学生听得神往。有一个历史系的同学，用"无边落木萧萧下"要我猜一个字谜；我猜不出，他就解释说："南北朝宋齐梁陈四代，齐和梁的帝王都姓萧，所以'萧萧下，就是'陈'字；'陈'字'无边'成了'东'字；'东'字繁体（東）'落木'，除掉'木'字，就只剩下一个'日'字了。"由此可见当年联大学生的闲情逸趣。

浦江清讲李清照的《金石录后序》，讲到她前半生的幸福和后半生的坎坷："只恐双溪舴艋舟，载不动许多愁。"他就联系《西厢记·送别》说："遍人间烦恼填胸臆，量这些大小车儿如何载得起？"就是继承和发展了宋词。为了继承和发扬祖国的文化，50年后，我把诗经、唐诗、宋词、元曲等译成了英、法文，回忆起来，不能不感激朱、闻、罗、浦诸位先生，但现在却是英魂"远影碧空尽"，只见长江天际流了。

（二）

采撷远古之花兮，

以酿造吾人之蜜。

——吴宓

1939 年秋，我升入联大外文系二年级，选修了吴宓教授的《欧洲文学史》，陈福田教授的大二《英文》，莫洋芹教授的《英国散文》，谢文通教授的《英国诗》，刘泽荣教授的《俄文》，贺麟教授的《哲学概论》。

关于吴宓，温源宁在《一知半解》中有非常生动的剪影："吴宓先生真是举世无双，只要见他一面，就再也忘不了。""吴先生的面貌呢，却是千金难买，特殊又特殊，跟一张漫画丝毫不差。他的头又瘦削，又苍白，形如炸弹，而且似乎就要爆炸。胡须时有进出毛孔欲蔓延全脸之势，但每天清晨总是被规规矩矩地刮得干干净净。他脸上七褶八皱，颧骨高高突起，双眼深深陷人，两眼盯着你，跟烧红了的小煤块一样——这一切，都高踞在比常人高半倍的脖之上；那清瘦的身躯，硬邦邦，直挺挺，恰似一根钢棍。"

关于吴先生的为人，温源宁接着说："他以学识自豪，他的朋友们也因这位天生的名士而得意。他绝不小气，老是热心给别人帮忙，而又经常受到某些友人和敌人的误解。对别人的良好品德和能力，他有点过于深信不疑；外界对他有意见，他也过于敏感。这样，对自己也罢，对外界也罢，吴先生都不能心平气和。"吴先生的学者风度，可以从他对钱锺书的评论中看出。钱锺书是他的学生，他却能虚怀若谷，慧眼识英雄，可见他是多么爱才若渴！我自己也有亲身的体会。1940 年 5 月 29日，我在日记中写道："上完欧洲文学史时，吴宓先生叫住我说：'我看见刘泽荣先生送俄文分数给叶公超先生（系主任），你小考 100 分，大考 100 分，总评还是 100 分，我从没有见过这样好的分数！我从没见过这样好的分数！'"吴先生是大名鼎鼎的老教授，这话对一个 19 岁的青年是多大的鼓舞！我当时就暗下决心，《欧洲文学史》一定也要考第一。结果我没有辜负吴先生的期望，但却因为搬动讲桌没有搬回原处，挨了他一顿批评。那时，吴先生的讲义贴在昆中北院 9 号教室墙上，要我们下课后自己抄写。我和几个同学把讲桌搬到墙边，抄完后我们走了；又来了几个同学，最后抄的同学没有把讲桌搬回原处，吴先生气得大发雷霆。但他并没问清楚谁是最后抄写的人，却只批评最初搬讲桌的学生。由此也可看出他不"心平气和"了。

关于吴先生的年龄，温源宁写道："他实际不到 50 岁，从外表上看，你说他多大年岁都可以，只要不超过 100，不小于30。他品评别人总是扬长避短，对自己则从严，而且严格得要命。他信奉孔子，在人们眼中是一位不折不扣的孔门学者。他严肃认真，对人间一切事物都过于一丝不苟，采取了自以为是的固执态度。"他品评别人扬长避短，如对我的好评就是一例；他过于严肃认真，如为了讲桌批评我们一顿也是例子。他的一丝不苟，首先表现在他的书法上：他写中文非常工整，从来不写草字、简字；他写英文也用毛笔，端端正正，不写斜体，例如 S 和 P 两个字母，写得非常规矩。50 年来，我一直模仿他的写法。其次，他的一丝不苟，还表现在排座位上。联大学生上课，从来没有排座次的，只有吴先生的《欧洲文学史》是例外。他安排北大、清华、南开的学生坐前，于是在美国《诗刊》上发表过英文诗的李廷揆（北大），后来翻译出版了《红与黑》的赵瑞蕻（南开）就坐在第一排；赵的未婚妻杨静如（杨苡）后来翻译出版了《呼啸山庄》，按学号应该坐在后排，但吴先生却照顾她坐在赵旁边，可见他还是古典主义和浪漫主义相结合的。我坐中排，左边是名副其实的美人金丽妹，右边是联大校花、国际建筑大师林同炎的未婚妻高训诠，真是"才子佳人"济济一堂。

关于教学，温源宁接着说："作为老师，除了缺乏感染力之外，吴先生可说是十全十美。他严守时刻，像一座钟，讲课勤勤恳恳，像个苦力。别人有所引证，总是打开书本念原文。他呢，不管引文多么长，老是背诵。无论讲解什么问题，他总讲得有条有理，第一点这样，第二点那样。枯燥，容或有之，但绝非不得要领。"关于背诵，我是得益匪浅。上课时，我一听到老师照本宣科，就会心不在焉，因为照本宣科不能融入自己的感情，不能引起听众的兴趣，不能导致心灵的交流，不能使听众受到感动，所以多半失败。吴先生讲课有条有理，我记得他讲到英国五大浪漫主义诗人时说："华兹华斯是自然中见新奇，柯勒律治是新奇中见自然，拜伦是表现自我的诗魔，雪莱是追求理想的诗神，济慈是沉醉于美的诗人。"真是要言不烦，一语中的。吴先生不但自己背诵，也要求我们多背诗。考清华研究院外国文学研究所有一个必考的题目，就是默写一首你最喜欢的英文诗。我考试时，曾把雪莱的《云》八十四行，一百二十二韵，从头到尾默写出来。这不但使我考入了清华研究院，更重要的是，为我后来把中国古典诗词译成英文，打下了一个良好的基础。如果不背英诗，翻译诗词是难以想象的。回忆起来，不得不归功于吴先生的教导。

最后，温源宁作结论说："一个孤独的悲剧角色！尤其可悲的是：吴先生对他自己完全不了解。他承认自己是热心的人道主义者、古典主义者；不过，从气质上看，他是个彻头彻尾的浪漫主义者。""他赞赏拜伦，是众所周知的。他甚至仿照《哈罗尔德公子》写了一首中文长诗。自相矛盾，然而，谁也不觉得这是个闷葫芦，除了他自己！"在我看来，吴先生是古典主义的外表，却包含着浪漫主义的内心。前面提到，我们搬动讲桌没有搬回原处，在他看来，这是违犯了"尊师重道"的古典主义原则，即使从浪漫主义观点来看，也是情无可原的，所以他批评了我们一通。而杨静如坐到赵瑞蕻旁边，虽然也不合乎"论资排辈"的原则，但却有一点浪漫主义的精神，所以他就通融处理了。这种例子很多，如欧洲文学中，他最推崇希腊的古典文学，和近代的法国浪漫主义文学。他讲中世纪的文学，最推崇但丁的《神曲》。《神曲》中游地狱的向导是古典主义诗人维吉尔，游天堂的向导却是但丁一见钟情的美人贝雅特丽

齐。他讲法国文学，最推崇卢梭的《忏悔录》，最爱读卢梭牵
着两个少女的马涉水过河那一段，认为那是最幸福的生活，最
美丽的文字。他讲英国文学，最赞赏雪莱的名言："爱好像灯光，
同时照两个人，光辉不会减弱。"由此可见他浪漫主义的内心。

　　吴先生讲《欧洲文学史》，其实也讲了《欧洲文化史》，
因为他讲文学，而哲学也包括在内。如讲希腊文学，他却讲了
苏格拉底、柏拉图、亚里士多德；后来他为外文系三年级学生
开《欧洲名著》，讲的就是《柏拉图对话录》。他最善于提纲
挈领，认为柏拉图思想中最重要的是"一"、"多"两个字："一"
指创造像的观念，如方、圆、长、短；"多"指具体的事物，
如方桌、圆凳、长袍、短裤。观念只有一个，事物却有多种多样。
柏拉图认为先有观念，然后才有事物。如果没有方桌的观念，
怎么能够制造出方桌来？他还认为观念比事物更真实，因为方
的东西、圆的东西，无论如何，也没有方的观念那么方，没有
圆的概念那么圆。因此，一个人如果爱真理，其实是爱观念超
过爱事物，爱精神超过爱物质。这就产生了柏拉图式的精神恋
爱观，后来对我产生了不小的影响。但是观念存在于事物之中，
"一"存在于"多"中，所以爱观念不能不通过事物或对象。
而对象永远不能如观念那样完美，那样理想，因此，恋爱往往
是在"多"中见"一"，往往是把对象理想化了。但理想化的
对象一成了现实中的对象，理想就会破灭，因此，只有没实现
的理想才是完美的。但丁终身热恋贝雅特丽齐，正是因为她没
有成为但丁夫人呵！

吴先生还为外文系四年级学生讲作文和翻译。我第一次听他讲翻译是 1939 年暑假在昆华工校的大教室里。记得他的讲话充满了柏拉图"多中见一"的精神，这就是说，翻译要通过现象见本质，通过文字见意义，不能译词而不译意。其实，他说的词就是后来乔姆斯基所谓的表层结构，他说的意就是所谓的深层结构，不过他是言简意赅，没有巧立名目、玩弄字眼而已。

他讲英文作文，还是强调背诵、模仿。也就是说，要我们背熟一篇名作，然后模仿写篇作文。在他的教导下，我模仿莎士比亚的《哈姆雷特》和塞万提斯的《堂·吉诃德》，写了一篇叫作《吉诃莱特》的故事，现在摘译于后：

吉诃莱特年轻漂亮，身材高大，脸色红润，但是走起路来，眼睛不是朝下就是朝上，从来不正面看人。他讲究穿着，衬衣领子雪白，衬托得领带的色彩更鲜艳；每次走过橱窗，他总要看看自己的身影。如果看到别人穿着比他更加讲究，他也并不羡慕，因为他认为金玉其外的人，往往是败絮其中。其实，人虽不可貌相，外表和内心也不一定是成反比的。

他总是以己之长比人之短，所以觉得自己高人一等，不把别人放在眼里。但是一个月夜，他在湖滨舞会上认识了秀外慧中的南茜，却又自惭形秽了。那夜的月亮发出了银光，使湖水看来像溶化了的碧玉，而南茜的眼睛比明月还更亮，她的笑容比湖水还美。他们共舞的时候，他沉醉在湖光月色、秋波笑影之中，几乎是神魂颠倒了。更使他喜出望外的，是南茜接受了他的约会。这幸福的代价，就是一个不眠之夜。

他和幸福之间，只隔几个明天，但他却觉是度日如年，时光好像是爬行的蜗牛。等到那个明天变成了今天，他就穿上他最好的衣服去赴约会。不料他外表越讲究，内心却越空虚；他说起话来语无伦次，做起事来手足无措；他越想显示自己，反而越显得笨拙。他的确是金玉其外，败絮其中。于是这第一次约会，也就成了最后一次约会。

但他爱得不深，苦恼也不长久。他又去书中寻找安慰，因为"书中自有颜如玉，书中自有黄金屋，书中自有千钟粟。"他幻想自己成了有"黄金屋"和"千钟粟"的外交官，自然不愁没有"颜如玉"了。他就这样自我安慰，取得了精神的胜利。

哈姆雷特是思想的巨人，行动的矮子；堂·吉诃德却是思想的矮子，行动的巨人。我写《吉诃莱特》，本来要写半个堂·吉诃德，半个哈姆雷特，也就是说，一个思想上和行动上的矮子，结果却是"画虎不成"，写得有点像在模仿《罗密欧与朱丽叶》中的楼台会了。我还模仿雪莱《云》的格式，写了一首吉诃莱特献给南茜的英文诗，现在翻译如下：

> 我驾着小舟，在湖上漫游，
>
> 湖水如梦如醉；
>
> 夜深人又静，月色明如镜，
>
> 叫我如何入睡？

星星在天上，闪烁着微光，

　　好像你的眼睛；

微风软软吹，流水去不回，

　　流过了我的心。

波浪拍湖岸，是我的呼吸，

　　使水不断荡漾；

假如陪着你，我多么欢喜，

　　哪怕只是想象！

但是谁知道：湖水这么好，

　　下面却有漩涡？

　谁能够料想：美丽的女郎

　　心里却没有我？

没有我也罢！我愿做傻瓜，

　　沉湎在漩涡里；

哪怕你说谎，我也愿上当，

　　只要使你欢喜！

我带着恐惧，但只好离去，

　　去到海角天涯；

假如你后悔，我立刻就会

　　不再四海为家！

　　吴先生看了我的作文，说他不喜欢我描写的人物，但是英文写得还好，善于模仿前人用词造句；写诗也是有韵有调，读来琅琅上口，给了我 80 分。我在吴先生班上只写了这一篇作文。1941 年 11 月，美国志愿空军飞虎队来华对日作战，需要大批英文翻译。联大外文系四年级男生（除吴讷荪外）全部应征服役，我就离开了联大。

　　1942 年秋，我回联大复学，又选修了吴先生开的《文学与人生》。他说："文学是人生的精华，哲学是气体化的人生，诗是液体化的人生，小说是固体化的人生，戏剧是固体气化的人生。哲学重理，诗重情，小说重事，戏剧重变。小说包含的真理多于历史，所以小说比历史更真，我们可以从小说或文学中了解人生。"又说："孔子注重理想生活（精神），对于实际生活（物质），则无可无不可。他有自己的事业与幸福（义），所以轻视外在的环境和物质的享受（利）。"吴先生的儒家思想深深地影响了我们这一代外文系的学生。

闻一多和陈梦家

·

我要通过阅读来驯服不熟悉的事物，或者通过如实反映情况的多棱镜来观察熟悉的事物，看看他人的内心世界与自己的内心世界是多么不同，或者多么相似。

——罗纳德·施瓦茨

1938 年的最后一天，我经过了一个月的跋山涉水、万里长征之后，终于到达了滇池之滨的昆明。走到大西门外的西南联合大学，看到巍然耸立的教学大楼，中间一栋三层，四角的飞檐朝天翘起，大有冲霄凌云之势；楼前四根石柱肩负着顶天立地的重任；东西两侧都是两层楼房，形状有如大鹏鸟的垂天之云的双翼，正在等待时机成熟，就要扶摇直上九千里了。

凌霄阁是三楼的大教室。在这里，杨振宁和我听过闻一多讲《诗经·采薇》，陈梦家讲《论语·言志》，许骏斋讲《左传·鞍之战》，朱自清讲《古诗十九首》，刘文典讲曹丕的《典论·论文》，罗庸讲《杜诗》，浦江请讲李清照的《金石录后序》，唐兰讲刘知几的《史通》，魏建功讲鲁迅的《狂人日记》等。这一年的大一国文由中国文学系的教授轮流讲课，每人各讲两周，每周讲三学时，真是空前绝后的精彩。这种学习生活，我在1939年1月10日的日记中写过：

早晨，经过洒满阳光的旷野去上个三四堂课；晚间，在黑夜笼罩下的课堂里谈谈逻辑或政治；大学生活，真个别有风味。我发现自己变了：现在的我已不再是中学时代的我。中学时我希望老师不来上课，现在却惟恐老师不来；中学时有几课不太理解，现在却觉得游刃有余了。我不应该自满，但很喜欢自己的变。

我为什么惟恐老师不来上课呢？就拿闻一多先生的《诗经》来说吧。郭沫若说过：闻一多对《诗经》的研究是"前无古人，后无来者"的。他给我们讲《小雅·采薇》，最后一段和余冠英的语体译文是：

昔我往矣，	想起我离家时光，
杨柳依依。	杨柳啊轻轻飘荡。
今我来思，	如今我走向家乡，
雨雪霏霏。	大雪花纷纷扬扬。
行道迟迟，	慢腾腾一路走来，
载渴载饥。	饥和渴煎肚熬肠。
我心伤悲，	我的心多么凄惨，

莫知我哀！ 谁知道我的忧伤！

　　这八行诗被誉为《诗经》"三百篇中最佳之句"，传诵千古。为什么呢？因为这一段描写的是战后士兵回家途中的痛苦，但前两句并没有开门见山，反而回忆当年离家时杨柳依依不舍的情景，三四句才描绘归途中雨雪纷飞的艰苦环境。这是用乐景来衬托哀景，益增其哀的写法；而后两句又情景交融，用哀景来写哀情，更倍增其哀。第四句写天时的苦寒；第五句写征途的艰辛；第六句写身体的痛苦；第七句写内心的忧伤。如果有人分忧，忧可以减半；没有人可诉苦，苦却会增加。所以第八句更进一步，写孤独的悲哀。这样以乐衬哀，以哀增哀，再写天时、地理、人身人心，里里外外，句句深入，韵味不尽，于是就成了千古传诵的名诗了。

　　闻先生曾和美国白英教授合作，把中国古诗词译成英文，在英美出版。书名是《白驹集》，取自《诗经·小雅》"皎皎白驹"一诗。但白英译诗不押韵，不能再现古诗的风格。其实译文即使押韵，也不一定能传达原文之美。如余冠英的语体译文把"杨柳依依"译成"轻轻飘荡"，依依不舍的情意就荡然无存了；把"雨雪霏霏"译为"纷纷扬扬"，虽然"扬"和"荡"押了韵，但原诗写归途中天气的险恶，却又无影无踪了。原诗的"载渴载饥"，余译是"饥和渴煎肚熬肠"，虽然加了几个字，却是原文形式虽无，内容可以有的，反倒译出了旅途的艰苦。那么，为什么不可以用同样的加词法，把"杨柳依依"译成"依依不舍"，甚至流下了眼泪呢？英文的"垂柳"不正叫作 weeping willow（垂泪的杨柳）么？按照同样的道理，"雨雪霏霏"也可以译成大雪把柳枝压弯了腰。这样既可以和"昔我往矣"时的"杨柳依依"前后呼应，往来对照，又可以用雨雪来象征战争，压弯了士兵的腰肢，岂不是一举两得吗？如果要用乐景衬哀，则可以把雪译成"千树万树梨花开"，更可反衬出士兵的悲哀。我认为这样才符合闻先生对《诗经》的理解，这样才能在同情士兵的痛苦中找到自我。现在把我的英译和法译抄录于后：

（*英译*）

When I left here，　/　Willows shed tear.

I come back now，　/　Snow bends the bough.

Long，long the way；　/　Hard，hard the day.

Hunger and thirst　/　Press me the worst.

My grief overflows.　　/　Who knows？　Who knows？

（*法译*）

A men départ　/　Le saule on pleurs.

Au retour tard　/　La neige en fleurs.

Lents，lents mes pas；　/　Lourd，lourd men coeur.

J'ai faim；j'ai soif.　/　Quelle douleur！

闻先生不但《诗经》讲得好，考证工作做得也很出色。他在《诗经通义》125 页上说："案古谓性的行为曰食，性欲未满足时之生理状态曰饥，既满足后曰饱。《衡门》篇曰'可以乐饥'；……《候人》篇曰'季女斯饥'。寻绎诗意，饥谓性欲明甚。……且《诗》言鱼，多为性的象征，故男女每以鱼喻其对方。……《衡门》曰'岂其食鱼，必河之鲂？''岂其食鱼，必河之鲤？'……皆言鱼，又言饥，亦饥斥性欲之证。此义后世诗文中亦有之。"这样把"食色性也"统一起来，无怪乎郭沫若说他的研究"前无古人"了。

《信息日报》上说：闻一多在文中写道："余祖信国公天祥，军溃……被执，家属潜逃于楚北蕲水之永福乡，改文为闻。"读后我才知道闻先生是民族英雄文天祥的后代。西南联大的江西同学办了一个天祥中学，来纪念文天祥。我做教务主任时，请闻先生来讲话。闻先生说：考试的时候，老师对学生应该像家长对子弟一样，唯恐他们成绩不好。我们遵照闻先生的意见，把天祥办成了一个"师生情谊长"的学校，为云南和全国培养了不少人才。我还在当时云南省主席龙云的公馆里开联大校友会时，听见闻先生大骂蒋介石，结果给特务杀害了。2000年8月，云南要拍一部纪念联大的电视片，把闻先生的公子立雕，梅校长的公子祖彦，冯友兰先生的女儿宗璞，连我都请了去。我们凭吊了闻先生在西仓坡的遇难处及在云南师范大学的衣冠冢，觉得闻先生"横眉冷对千夫指，俯首甘为孺子牛"，真不愧为文天祥的后人。

我们也凭吊了闻先生的战友吴晗先生在府甬道的故居。吴晗是研究明史的，他和毛泽东谈到元末明初有一个领导革命的朱和尚，后来却不革命了。毛泽东说不可能；吴晗就再研究，考证的结果说朱和尚还是革命到底的。20世纪60年代吴晗写了一部《海瑞罢官》，"文革"中遭到迫害，死在狱中了。闻先生假如活到今天，不知会作什么感想。

赵萝蕤

闻先生的战友受迫害致死的不止吴晗一个，还有他的学生陈梦家也是被迫害死的。陈梦家是一个诗人，在联大讲大一国文时，他讲的是《论语·言志》。这一篇我在中学时就读过，所以觉得游刃有余。《言志》的内容讲孔子的四个弟子：子路要做政治家，冉有要管理财政，公西华要当外交官，曾皙只喜欢游山玩水，而孔子却偏偏赞赏了曾皙。我在中学时受的教育是要立志做大事，不明白游山玩水怎么能算雄心壮志。陈先生讲解课文："暮春者，春服既成，冠者五六人，童子六七人，浴乎沂，风乎舞雩，咏而归。"同时联系陶渊明的《时运》。现在抄下一段原文及摘抄的语体译文：

人亦有言，（人但求称心就好，）

称心易足。（心意满足并不困难。）

挥兹一觞，（喝干那一杯美酒，）

陶然自乐。（自得其乐，陶然复陶然。）

延目中流，（放眼望河中滔滔的水流，）

悠想清沂。（遥想古时清澈的沂水之湄。）

童冠齐业，（有那十几位学业完毕的莘莘学子，）

闲咏以归。（唱着歌儿修禊而归。）

这样一比，我才明白孔子"达则兼善天下"，从事军政财贸；"穷则独善其身"，徜徉于山水之间的意思。

陈先生言传身教，得闲就同夫人赵萝蕤游山玩水。据说赵萝蕤原来是燕京大学的校花，追求她的人很多，她却偏偏选中了一个穷诗人，当时传为佳话。一个名叫安迪的记者采访她时问道："有人说钱锺书先生年轻时追过您，有这事吗？"（见《记钱锺书先生》118页）她答："他们都这样说，其实没影儿的事。杨季康到清华时打扮得漂亮，她同钱锺书结婚，同学中只有我和梦家参加了婚礼。"我去青岛游崂山时，见到过他们夫妇的俪影，并且把上面八句陶诗译成英文：

> As people say, ╱ Content brings ease.
>
> With wine I stay, ╱ Drunk as I please.
>
> I gaze mid-stream ╱ And miss the sages.
>
> Singing their dream ╱ Of golden ages.

我遥想的沂水之滨的"冠者五六人"，就有他们在内。但是没有想到不问政治的陈梦家，和参与政治的吴晗，却会有相同的悲剧结局。

陈梦家是后期新月派诗人的代表，他的代表作是《那一晚》：

（1）那一晚天上有云彩没有星，你挽了我的手牵动我的心，

天晓得我不敢说我爱你，为了我是那样的年轻。

（2）那一晚你同我在黑巷里走，肩并肩，你的手牵住我的手，

天晓得我不敢说我爱你，把这句话压在心头。

（3）那一晚天那样暗人那样静，只有我和你身偎身那样近，

天晓得我不敢说我爱你，平不了这乱跳的心。

（4）那一晚是一生难忘的错恨，上帝偷取了年轻人的灵魂，

如今我一万声说我爱你，却难再接近你的身。

前三段第一句写景或境，第二句叙事、第三句重复抒情，第四句说理；第四段第一句总结，第二句说理，第三句和前三段第三句对比，第四句和前三段第二句对比。这样情景事理交融，就把生活中的散文变成诗了。我在吴宓先生百年纪念会上，最后一次见到赵萝蕤，谈到陈梦家之死，诗又变成生活中的散文了。

闻一多先生讲唐诗

红烛啊！

你流一滴泪，灰一分心。

灰心流泪你的果，

创造光明你的因。

红烛啊！"莫问收获，但问耕耘！"

——闻一多《红烛》

　　汪曾祺说过："能够像闻先生那样讲唐诗的，并世无第二人。因为闻先生既是诗人，又是画家，而且对西方美术十分了解，因此能够将诗与画联系起来讲解，给学生开辟了一个新境界。"

　　首先，我们看看《登鹳雀楼》，这是一首以天地为画布的名诗，第一句"白日依山尽"，五个字写出了画家很难再现的图景：一个"依"字使人看到的是一轮光辉灿烂的太阳沿着高耸入云的山峰缓慢地落下去了。这是一个动态，只有凭

闻一多

借想象才能看到这样的落日斜阳，而画家描绘的，却只能是一个静态的镜头，画不出落日的全过程。第二句"黄河入海流"，画布从天上转移到了地面，主体由西下的夕阳转换成了长河大海，如果说第一句写出了画中看不到的动景，那第二句又写出了画中听不到的江声。第三句"欲穷千里目"，再由天地转到了人，但是什么人呢？"千里"二字不但写出了具体的眼界，而且会使人想到抽象的广大胸怀。以上三句写天地人都是远景，最后一句"更上一层楼"才是近景，在天地山河的衬托之下，更加显得危楼高耸，看尽天下风光了。

听闻先生讲唐诗是60年前的往事，当时没有做笔记，现在恐怕记得不准确了，仿佛是闻先生说的：五言绝句是唐诗中的精品，20个字就是20个仙人，容不得一个滥竽充数的，看看《登鹳雀楼》，就可以知道此言不假。到了今天，如果要用自由诗来表现唐诗的宏伟气魄，那就要找特技演员来做替身了。

夕阳无限美好，

沿着弯弯的山腰，

落到遥远的天外。

黄河奔腾咆哮，

浩浩荡荡，

流入汪洋大海。

如果你要看得更远，

看到千里外的世界，

那你就要登上，

登上一层更高，

更高的楼台！

  王维是诗中有画的诗人，画中有诗的画家。如《鹿柴》第一句"空山不见人"，是简单的诗句和平淡的画面，用"不见人"来强调"空"字。第二句"但闻人语响"用听觉来补充视觉，用人声来反衬"空"字，更显得一无所见。第三句"返景入深林"写夕阳渗入林中，洒下了斑斓的金光。第四句"复照青苔上"，在幽静的景色中添上几点青苔，更显得深林无人，只有光影闪烁。这不是诗中有画么？《鹿柴》是写晚景，写夜景的如《鸟鸣涧》：第一句"人闲桂花落"画的是幽人落花，写的是闲情逸致；第二句"夜静春山空"画的是苍茫夜色，写的是空灵心态；第三句"月出惊山鸟"写的是"一石惊破水中天"似的感悟。第四句"时鸣春涧中"却是唤来了秋天里的春天。这不是画中有诗么？

如何用现代诗来写出这种诗情画意呢?

心情闲适, 心中无事,

让金黄的桂花, 悄无声地落下。

黑夜降临, 一片寂静。

遥远的青山和云烟, 融成了虚无缥缈的一片。

明月升起, 光照大地,

惊醒了酣睡的小鸟, 引起了一阵阵唧唧,

给青山带来了生机, 使幽谷露出了春意。

关于唐诗英译, 闻先生写过一篇《英译李太白诗》。他在文中说:"读了日本人英译的李白诗, 我得到无限的乐趣, 我也发生了许多的疑窦。""浑然天成的名句, 它的好处太玄妙了, 太精微了, 是经不起翻译的。……'美'是碰不得的, 一粘手它就毁了。太白的五律是这样的, 太白的绝句也是这样的。""这种诗意的美, 完全是靠'句法'表现出来的。你读这种诗仿佛是在月光底下看山水似的。一切的都溟在一层银雾里面, 只有隐约的形体, 没有鲜明的轮廓; 你的眼睛看不准一件什么东西, 但是你的想像可以告诉你无数的形体。"闻先生并举日本人英译的《峨眉山月歌》为例, 说"这首诗译得太对不起原作了"。

《峨眉山月歌》第一句"峨眉山月半轮秋"的确很不好译, 因为秋没有形体, 半轮却有鲜明的轮廓, 两者结合在一起, 你的眼睛看得出什么东西来呢? 只好运用个人的想象了。

日本人没有想象力，看到什么就说什么，所以简单地译成"half round"（半圆形的），结果诗意全没有了。无怪乎美国诗人Frost说：诗是在翻译中失掉的东西。在闻先生的启发下，我想象了一下李白当时看到的景色：峨眉山连绵起伏，像巨人的浓眉横亘在大地上，（王观的词说："山是眉峰聚。"）半轮明月像金黄的眉毛，高挂在秋天无边无际的夜空中，天上的金眉毛和地上的银眉毛遥遥相对，这不就是一1500年前李白看到的"峨眉山月"吗？于是我就把这个名句译成英文如下：

The moon shines on Mount Brows like Autumn's golden brow.

我觉得这就是闻先生评郭沫若译《鲁拜集》时说的："译者仿佛是用自己的喉舌唱着自己的歌儿似的。"我认为这是再创作的翻译法，再创可以使诗在翻译中失而复得，所以也可以说是"以创补失"法。

《峨眉山月歌》后三句是："影入平羌江水流。夜发青溪向三峡，思君不见下渝州。"平羌、青溪、渝州都是地名，加上峨眉山名，每句一个专门名词，如何能入诗呢？我认为译者这时又应该"仿佛是用自己的喉舌唱着自己的歌儿似的"，要把专门名词诗化，也就是普通化。于是我把后三句翻译如下：

Its deep reflection flows with limpid water blue.

I'll leave the town on Clear Stream for Three Gorges now.

O Moon，how I miss you when you are out of view！

　　最后一句的"君"字有两种解释：一说君指友人，一说君指明月，因为三峡两岸悬崖峭壁太高，在船上看不见月亮了。如果说是友人，未免显得突兀，而且和诗题无关；如果说是明月，则是借"思君"写三峡之景，又突出了诗人热爱自然之情，真是情景交融之作。所以即使原作是指友人，译者认为友人不如月亮美，还是可以译成明月，因为这不是个"真"的问题，而是"美"的问题。在译诗时，求真是低标准，求美才是高标准。翻译要求真，诗词要求美。译诗如能既真又美，那自然再好没有，如果二者不能兼得，那就只好在不失真的条件下，尽可能传达原诗的意美、音美和形美。音美包括韵律，钱锺书先生说过："我译诗是带着音韵和节奏的镣铐跳舞"；闻先生却说："带着镣铐跳舞，跳得灵活自如才是真好"，并且批评所谓忠实的翻译说："忠实到这地步便成笨拙了。"

　　闻先生在评论郭沫若的《鲁拜集》第19首时说：这首诗"严格地译起来或当如此——

　　　　我怕最红的红不过

　　　　生在帝王喋血处的蔷薇；

　　　　园中朵朵的玉簪儿怕是

　　　　从当年美人头上坠下来的。

郭君译作：

帝王流血处的蔷薇花
颜色怕更殷红：
花园中的玉簪儿
怕是植根在美女尸中。

这里的末行与原文尤其大相径庭，但我们不妨让它'通过'，因为这样的意译不但能保存原诗的要旨，而且词意更加醒豁，色彩更加浓丽，可说这一译把原诗译好了。"由此可见，闻先生认为译诗是可以胜过原诗的。

但是闻先生在《英译李太白诗》中又说："《静夜思》《玉阶怨》《秋浦歌》《赠汪伦》……实在什么人译完了，都短不了要道歉的。"我却觉得是不是可以用郭沫若译《鲁拜集》的方法来译李白的绝句呢？如《秋浦歌》："白发三千丈，缘愁似个长。不知明镜里，何处得秋霜？"这首绝句可以译成语体如下：

我的白头发多么长？
量一量怕有三千丈。
即使是三千丈，
也量不出我内心的忧伤。
我对着镜子照一照，不觉吓了一跳。

秋天的雨露风霜，怎么落到了我的头上？

原诗"三千丈"极尽夸张之能事，语体译文加了"量一量"三个字，可以理解为头发一根一根加起来的长度，词意更加醒豁；原诗"秋霜"二字扩展为"雨露风霜"，色彩更加浓丽。但如译成英文，"三千丈"就不宜入诗，只好尽量保存原诗的要旨，使得词意醒豁，色彩浓丽，也就不一定对不起原诗了。

Long，long is my whitening hair；

Long，long is it laden with care.

I look into my mirror bright：

From where comes autumn frost so white？

闻先生又说："形式上的浓丽许是可以译的，气势上的浑朴可没法子译了。但是去掉了气势，又等于去掉了李太白。"李白最有气势的绝句可能算《早发白帝城》："朝辞白帝彩云间，千里江陵一日还。两岸猿声啼不住，轻舟已过万重山。"李白号称"诗仙"，这首诗可以说是"谪仙之歌"。第一句说：早晨告辞彩云间的白帝城。如果把白帝理解为天上的玉帝，那就是谪仙告辞天庭下凡了。第二句的"千里"之长和"一日"之短，形成了时间和空间的鲜明对比，"一日千里"这不是"神速"么？第三句中的"猿"啼什么呢？猿鹤都是仙家的伴侣，那不是舍不得谪仙下凡吗？第四句中的"轻舟"和"重山"又有轻重对比，

更是飞流直下，气势不凡了。这首诗有翁显良的英译文，多少
传达了一点李白的气势：

Goodbye to the city high in the rosy clouds of dawn.

Homeward，out the goreges，out today！

Let the apes wail．Go on.

Out shoots my boat．The serried mountains are all behind.

译文还原可以是：再见了，彩云间的白帝城！回家了，出
三峡了，今天就出三峡了！让猿猴哀鸣吧，前进吧！船行如箭。
万重山都落在后面了。这不有点李白的气势吗？

这首诗是759年写的。那时永王争夺皇位，封了李白的官，
但是起兵失败，李白也被流放到夜郎去。在坐船西去夜郎的途
中经过白帝城，李白得到赦免，又改乘船东下，心情非常愉
快，加上下水船快，就写下了这首快上加快的快诗。其实这首
诗是根据《水经注》和三峡民谣写成的。《水经注》中说："自
三峡七百里中，两岸连山……有时朝发白帝，暮宿江陵，其间
千二百里，虽乘奔御风，不似疾也。"李诗第一句中只有"彩云间"
三字是他自己的，但这三个字加得好，使人不但看到了居高临
下的白帝城，还看出了李白喜不自胜的心情。1951年我经过三
峡，看见白帝城在半山腰，并没有彩云缭绕。可见李白写的不
是客观之景，而是主观之情。三峡有个民谣："长江三峡巫峡
长，猿啼三声人断肠。"因为三峡水急滩险，翻船的事故从前

屡见不鲜，所以猿啼也成了哀鸣，仿佛是在哀悼失事的舟子似的，使人听了胆战心惊。但是李白却用哀景来衬托愉快的心情，使人更感到流放遇赦的难得。据说美国总统布什游三峡时还问猿猴到哪里去了，可见这首诗的影响之大。

翁显良 1957 年被错误地打成了右派，下放到北大荒劳动改造，后来拨乱反正，才得到平反。他翻译这首诗时，思想感情和李白非常接近，所以才能译出诗人的气势。他的译文不拘小节，不译"江陵"而说三峡，气势反而显得更大；不译"一日还"而重复今日出峡，气势反而显得更急；不译"两岸"而说船行，使主体更加得到强调。

1980 年，布什总统回忆 1977 年的三峡之行时说：他认为李白《早发白帝城》的意境有点像当时的中美关系——两方面都有反对改善关系的声音，就像"两岸猿声啼不住"一样。但他相信，中美关系这艘航船，还会克服困难，越过险滩，冲过"万重山"的。这就是说，他当时对中美关系还抱乐观态度，这也可以算是古为今用了。

1500 年前，李白因为随从永王反对皇帝而被流放，最后还是得到赦免。1500 年后，翁显良因为大鸣大放而被打成右派，最后也能得到平反；中美关系虽然困难重重，到了克林顿总统时代，也一度得到改善。但是闻一多先生却因为反对独裁，呼吁民主，而献出了自己的生命。就像他在《红烛》中所说的："为了'创造光明'而把自己烧成灰烬。"

1945 年 5 月 4 日昆明大中学生举行大游行时，忽然下起雨来，有些学生正要散开，闻先生却走上讲台，大声说道："武王伐纣誓师时也下了大雨，武王说这是'天洗兵'，是上天给我们洗兵器。今天，我们也是'天洗兵'。"于是游行照常举行。闻先生谈到武王誓师的事，记载在《诗经·大明》中：

殷商之旅，（殷商派出军队来）

其会如林。（军旗密密树林样）

誓于牧野，（武王誓师在牧野）

维予侯兴。（我周兴起军心壮）

武王伐纣是 3000 年前的往事，闻先生把它和 3000 年后的反独裁斗争联系了起来，可见他善于古为今用。

闻先生在《红烛》中说："莫问收获，但问耕耘！"但他耕耘的成果累累，收获还是不小的。如他在西南联大中文系的得意门生汪曾祺，后来写出了《芦荡火种》，对革命作出了贡献。历史系的学生程应镠，外文系的学生彭国涛，继承了他的政治事业，分别成了中国民主同盟上海和昆明的委员。不幸的是，他们三人都曾被错误地打成右派。幸运的是，历史系学生许寿谔和李晓等加入了共产党，许寿谔后来成了北京大学历史系副主任，为国家培养了不少接班人，并且写了一篇《闻一多和吴晗》；李晓现在是西南联大校友会的秘书长，也写过怀念闻先生的诗句：

每逢故人忆逝川，

最难忘处是南滇。

吴闻壮语惊四座，（指吴晗、闻一多两先生）

一二支部聚群贤。

我在联大和汪曾祺一样不问政治，糊里糊涂没有被打成右派，总算把闻先生讲过的《诗经》和《唐诗》译成了英文和法文，也可以告慰闻先生在天之灵了。

吴达元先生与我

吴达元先生是我的第一个法文老师。我今天能把法国文学名著译成中文，又把中国古典诗词译成法文，首先要感谢的是吴先生。

1938 年我考入西南联大外文系，主要是学英文。二年级开始学第二外国语，我因为在中学时受到鲁迅等进步作家的影响，所以选修了刘泽荣教授的俄文。三年级再学第三外国语，才选修了吴先生的法文。

吴先生是联大著名的教学认真，要求严格的法文教授。他教一年法文时，先发一张法语读音表，用国际音标注明法语元音和辅音的读法，当堂带读，第二天上课时检查每个学生的发音。这样我们只用了六个学时，见到一个法文词汇，就知道如何读音了。法语鼻音和英语有所不同，吴先生教我们记住 un bon pain blanc（一块白面包）的读法，使我们很容易就掌握了英语和法语的差别。

学完读音之后，我们开始学习法语语法，使用的是 Frazer and Square 用英文写的法文读本。记得每课只讲一个语法现象，同时要记住几十个法文词汇。课文分两部分：第一部分是法文，吴先生当堂讲解，译成英语；第二部分是英文，吴先生要我们在课外准备，第二天上课时检查，要我们把英文译成法文。这样每星期三课时，学习一年之后，基本掌握了法语语法和一千多个词汇，为进一步学习打下了良好的基础。

吴先生的法文班上人才济济，主要是外文系二年级的学生。女同学中有全校二年级总分最高的林同珠，后来把《周恩来诗选》和《毛泽东诗词选》译成英文在美国出版的林同端，清华大学梅校长的女儿、演出英文剧《鞋匠的节日》时得到满场掌声的梅祖彬；男同学有后来成为美国志愿空军通译组主任的赵全章，翻译得到"宋美龄奖"的巫宁坤，后来在美国大学培养了不少台湾教授的卢飞白等；历史系二年级的则有巴金的未婚妻陈蕴珍（就是萧珊），萧乾的未婚妻王树藏，历史系的系花陈安励等人；最著名的是数学系二年级的王浩，他1952年就成了美国文理科学院的院士，1983年更得到"数学定理机械证明里程碑奖"，据说等于数学界的诺贝尔奖。这些同学后来各有不同的成就，但谈起当年学到的法文知识，没有一个不感谢吴先生的。

吴先生对学生非常严格，对好学生也不客气，如果回答不出问题，就要受到批评。有个经济系二年级的学生吃不消，怕在女同学面前丢面子，上了几堂课就退选了。我是外文系三年级的学生，比男女同学都高一班，成绩自然不能落后，于是我就反守为攻。在课堂上用法语提问，显得自己与众不同。第一次小考时，我又交了头卷，不料发下卷子一看，只得九十九分，扣了一分，因为有一个不规则动词的未来时态拼错了。但是这个动词当时还没有学到，我就去找吴先生，说这一分不能扣，是考题出错了。不料吴先生却说：不规则动词的时态变化书上都有，自己为什么不去查？有的同学（如王浩）查了书，就答对了。由此可见吴先生的要求严格，考试还要检验我们的自学能力。

吴先生除了教我们的第一年法文之外，还教第三年的法文，并为清华大学外文系培养了第一个法文研究生，那就是李赋宁。李赋宁研究的是法国作家莫里哀的喜剧。在我念第一年法文的时候，他在清华大学研究院毕业。当时清华研究院的规定是：研究生论文答辩的出席人，除本校本系全体正教授外，还要邀请本校外系两位正教授和外校本系一位正教授参加。因此，闻一多教授代表本校中文系，邵循正教授代表本校历史系，闻家驷教授代表外校（北京大学）外文系参加了论文答辩会。并且分别用英语和法语问了几个问题。当时清华大学文学院院长冯友兰教授也出席了答辩会（清华规定院长必须参加）。清华外文系教授出席的，除系主任陈福田教授外，还有吴宓教授、陈铨教授、杨业治教授，以及美国教授温德先生。答辩会检验了研究生的英法语言能力和文学知识，而研究生导师就是吴达元先生。后来李赋宁成了北京大学西语系主任。

1944 年我也考入了清华大学研究院外国文学研究所。那时昆明物价飞涨，研究生一年只发一千元的辅助费，根本不够维持生活，哪里能安心做研究工作？吴先生那时代理清华外文系主任，了解研究生的情况，就让我在外文系兼任半时助教，教了一班英文。但我因为入不敷出，还是不得不中途退学，辜负了吴先生的一番好意。

1946 年法国和中国交换研究生，在中国举行考试。那时我只学了两年法文，还在课外写了一些法文日记，就凭吴先生教会的这点法文知识，我居然考上了法国文学第四名。第一名是王道乾，是吴先生在中法大学教过的学生，公费出国；第四名只能自费留学。到了法国，我每天突击记一百个生词，两个月就记住了六千个，经过测试，居然胜过学了十年法文的中国留学生，已经能读莫泊桑的《水上》，纪德的《窄门》等法文作品了。吴先生是法国里昂大学的 licencié（吴先生自译文学士，也有人译硕士），和法国大学生一同学习法国文学，通过考试，其难度就像外国留学生到北京大学来读中国文学系一样。我本来想在巴黎大学读 licencié，后来知难而退，只写了一篇研究法国剧作家拉辛的论文，通过答辩，得了一张巴黎大学文学研究文凭，就回国了。

1950 年我回国时，吴先生是清华大学外文系主任，我在国外听杨业治先生说：吴先生在研究法国进步作家 Aragon，我就带了一本 Aragon 的作品送他。他那时要求进步，是知识分子改造的典型代表，常在《人民日报》发表文章。一见到我，他就告诉我说：新中国非常需要外语人才，在北京西苑成立了一个外国语学校，法文系主任韩惠连，是清华大学外文系教授盛澄华的夫人。他介绍我去外国语学校。这样，我回国不久，就开始了我的教学工作。

吴先生不但热心帮助我，也一样帮助别的学生。北京大学教育系毕业的李廷揆从法国回来，同我去清华看吴先生。吴先生也介绍他去外国语学校。后来李廷揆成了北京外国语学院法文系主任，这也是吴先生的举荐之功。李廷揆同我去看吴先生时，碰到钱锺书先生夫妇也来吴先生家。钱先生在西南联大教大一英文时，教过杨振宁和我。这次见面，他谈到邻居林徽因家的猫叫春，吵得他睡不好，就爬起来打猫的事，还和当年在联大讲《打鼾大王》一样讲得津津有味。钱先生是吴先生毕业那年（1929）考入清华的，他的国文，英文都考满分，数学却不及格，是破格录取的，因此名闻全校。吴先生是我的法文启蒙老师，钱先生却是肯定我诗词英译的第一人，他们二位关系很好。后来我在中英、中法互译方面，出版了六十多部作品，首先要感谢他们二位。

吴先生除了教学之外，1939 年开始编《法国文学史》（中法文化基金会丛书）。1964 年他和杨周翰、赵萝蕤合编的《欧洲文学史》由人民文学出版社出版，在全国各大学使用，影响很大。此外，他还译了法国 18 世纪作家博马舍的《塞维勒理发师》和《费加罗的婚姻》。费加罗是伯爵的仆人。他帮助伯爵冲破了老医生的提防，和医生的养女结了婚，所以剧名又叫《防不胜防》。伯爵结婚后却又诱骗费加罗的未婚妻，费加罗挫败了他的阴谋。戏剧结尾时说："人民受着压迫，他们就会诅咒，会怒吼，会行动起来。"从吴先生的译文中，也可以看出他的进步思想。所以不但在语文知识方面，而且在做人的品格方面，吴先生都给了我们这一代人不少的影响。回忆起来，吴先生真是一位令人怀念的好老师。

再忆逝水年华

中文系 1943 年毕业的汪曾祺在他的《选集》中说："联大的许多教授都应该有人好好地写一写。"他自己就写了沈从文先生和金岳霖先生，同学中他写了王浩、朱德熙等人。王浩 1991 年还从美国回北京来参加了校庆，随后朱德熙却在美国去世了。清华代有才人出，各领风骚三五年。如果我们不记下同代人的雪泥鸿爪，后人就难免要雾中看花了。

清华校长、联大常委梅贻琦先生说过一句名言，大意是：大学不是有大楼，而是有大师的学校。谈到大师，自然会想起清华的四位国学泰斗梁启超、王国维、陈寅恪、赵元任。梁启超在清华讲过"情圣杜甫"，他说杜甫写《石壕吏》时，"他已经化身做那位儿女死绝、衣食不给的老太婆，所以他说的话，完全和他们自己说的一样"。又说："这类诗的好处在真，事愈写得详，真情愈发得透。我们熟读他，可以理会得'真即是美'的道理。"这是梁任公 1922 年 5 月 21 日在清华文学社作的讲演，予生也晚，未曾亲聆教诲，但有了这点雪泥鸿爪，也就如闻其声了。

王国维是 1925 年才来清华国学研究院任教的，他是"以西洋的文学原理来批评中国旧文学的第一人"，他的《人间词话》"是我国古代文艺理论和美学思想的一个总结"，但他在 1927 年 50 岁时，就在颐和园昆明湖自沉了（均见《王国维文学美学论著集》）。赵元任是 1923 年在美国哈佛大学任教时，兼任清华国学院导师的，1925 年才回国就职。他被誉为中国"语言学之父"，但他长期任美国语言学会会长。所以四大名师之中，我只听过陈寅恪的课。1939 年 10 月 27 日，我在日记中写道："陈先生讲课时两眼经常微闭，一只手放在椅背上，另一只手放在膝头，不时发出笑声。"我旁听的是"南北朝隋唐史研究"，陈先生谈到做学问之道时说：研究生要提问题，"问题不可太幼稚，如'狮子颔下铃谁解得？'解铃当然还是系铃人了。（大笑）问题也不可以太大，如两个和尚看见帆船，一个说帆在动，另一个说是心在动，心如不动，如何知道帆动？（大笑）帆动与心动的争论就太大了。问题要提得精，要注意承上启下的关键，如研究隋唐史要注意杨贵妃的问题。"后来读到陈先生的《闻道》诗："玉颜自古关兴废，金钿何曾足重轻！"我对他"小中见大"的看法，才加深了一点体会。

谈到"小中见大"，我想起了清华外文系主任陈福田，他讲英国作家司各特时，说他的历史小说中，主角常是些小人物，大人物反而放在次要地位，这种主次颠倒，也可以算是"小中见大"吧。后来我把司各特的名著《昆廷·杜沃德》译成中文了。陈先生在联大除了讲"西洋小说"之外，还开过"大二英文"

和"莎士比亚"等几门课。他是一个通才，英语说得比中国话更好，比美国教授温德更流利。他讲纽曼"大学教育的目的"，说大学培养不出天才专家，造就不了英雄人物，只能训练好人，使人能适应社会的需要。教育是用伟大而平凡的方法达到伟大而平凡的目的。看来陈福田就是美国教育培养出来的一个好人，他做人做事都是美国派头，讲求实效，适应需要，热心公益。当时联大同学生活艰苦，他就回美国去募捐，设立檀香山奖学金，奖给总成绩在 80 分以上的学生，我和王浩都曾得到 100 美元（那时留美公费，一个月也只有 150 美元）。他喜爱的英国小说，是描写平常人平常生活的《傲慢与偏见》，美国小说是描写穷苦农民的《愤怒的葡萄》，中国小说则是林语堂刚出版的《京华烟云》（正相反，叶公超却不把这位得到诺贝尔文学奖提名的幽默大师看在眼里，说他的文章远不如兰姆的《烧猪论》幽默有味。其实兰姆讲中国村民为了吃烤猪肉，就放火烧树林，这是感性幽默；林语堂的却是理性幽默）。陈先生讲"大二英文"时，自己批改作文，而"大一英文"却是助教改的（那时王佐良、杨周翰、李赋宁、查良铮等都刚毕业，初任助教）。陈先生改作文最重语言，次重内容，记得我写了一篇有自己见解的《谈美》，只得了 80 分；写了一篇对杜威思想的研究，内容一般，却得了 90 分。有人说陈先生"俗"，因为他随便在街上一边走一边吃东西；但在我听领导人讲话，觉得不精彩，就没有鼓掌时，他却当场提出批评，说我不懂礼貌。这也可以算是"小中见大"吧！？

外文系二年级的必修课除"大二英文"和"欧洲文学史"外，还有"英国散文"和"英诗"。教散文的是北京大学教授莫泮芹。如果说从陈先生身上可以看到清华的精神，那么，从莫先生身上就可以看到北大的风格。他教的是散文，给人的印象也是一个"散"字。他讲散文从容不迫，毫不紧张。在黑板上写英文字有如行云流水，毫不用力，有同学说他的书法可以叫作"懒散体"。他批评培根之前的骈文，批评蒲伯的诗：

创新不带头，弃旧莫落后。

Be not the first by whom the new is tried,

Nor yet the last to lay the old aside.

我却偏偏抱住过时的对仗不放。结果散文考试得 70 分，是全班最低的分数。幸亏我欧洲文学史考了 93 分，是全班最高的，平均一下，超过了 80 分，这才得到了檀香山奖学金。莫先生还开了"大三英文"和"浪漫诗人"等课。其实，他欣赏的是华滋华斯的散体诗，不是拜伦的韵体诗，而拜伦说过：

人爱散体我爱韵。

Prose poets like blank verse。I'm fond of rhyme.

莫先生和热爱拜伦、写字一笔不苟的吴宓先生正好形成了鲜明的对比。

外文系"英诗"课的教授很多，除了吴、莫二位先生，中国教授有谢文通，卞之琳，美国教授有温德，白英，但最著名的是《诗论》作者朱光潜。听说他在北大讲诗欣赏，一小时只讲四行，听得令人神往。可惜他没来联大，到武汉大学去了，直到 1983 年我来北大，才得亲聆教诲。谢文通讲英诗，主要传授格律知识，解决理解问题，但考试时，却要学生自己做出评论。温德讲诗更重鉴赏，他考试的方法很妙，拿出一首学生没读过的诗来，要求说出诗的作者，并用作者其他诗句来做论证。如不是对诗人风格有深刻的了解，是很难答好问题的。卞之琳是著名的诗人，他把杜甫的名句"无边落木萧萧下"的后半译成"shower by shower"，音义俱合，令人叫绝，可惜他没有把全句译完。后来我主编《唐诗三百首》英译，才把这句杜诗和下联"不尽长江滚滚来"补译如下：

卞之琳

The boundless forest sheds its leaves shower by shower.
The endless River rolls its waves hour after hour.

白英讲诗只写黑板，他用左手写字，结果听课变成了看他的左手表演，我只旁观了一小时，就打退堂鼓了。1947 年他在美国出版了一本中国诗选《白马集》，参加编译的都是联大师生：选题的确定主要是浦江清和闻一多二位教授，杨业治译了陶渊明，李赋宁译了王维，谢文通译了杜甫，袁家骅译了岑参，金隄译了白居易，袁可嘉译了杜牧，俞铭传译了苏东坡，卞之琳译了他自己的诗，其他的主要由白英和人合译。这是一次中美学者的大合唱，可惜白英认为译诗如果押韵，一定要加词，会面目全非。所以除谢文通外，译文全是散体。我却认为把韵文译成散文，那才真是面目全非。为了恢复诗词的庐山真面目，40 年后，我把《白马集》中的诗词大都译成韵文，取名《不朽之歌》，由新世界出版社和英国企鹅书店联合出版。千秋功罪，只好请读者评说了。还有一位英国诗人燕卜荪，我只在外文系迎新会上听他朗诵过一首诗，就不多谈。

除了诗和散文，外文系必修课还有"西洋小说""西洋戏剧""莎士比亚""翻译"等。"小说"原是英国教授吴可读讲，但吴先生不幸在昆明去世，改由陈福田接任。陈先生讲小说可远不如"大二英文"精彩，他只照本宣科，连标点符号都要念两遍。上课等于听写，文学课成了语言课；还要我们每月交一篇读书报告。报告只谈小说内容，不要评论，结果只训练了归纳的能力。

开戏剧课的先后有柳无忌、赵诏熊两位教授。赵先生讲课时分析戏剧结构，剧中人物，场景情节，台词语言，并要我们交报告时也同样作评论，这就提高了我们的分析能力。我们班还演出了英文剧《鞋匠的节日》，鞋店没有道具，只好向观众借鞋。不料联大同学穿得多是"空前绝后的袜子，脚踏实地的鞋子"，要找能做道具的皮鞋，还得"众里寻它千百度"呢！

开"莎士比亚"课的先后有陈嘉、陈福田、温德三位教授。

其实，赵先生讲戏剧时，已经为"莎士比亚"课打了基础，他说《罗密欧与朱丽叶》写的是青春恋，《安东尼与克柳芭》写的是黄昏恋，真是一语中的。陈嘉讲课好像演员，注重表情朗诵；陈福田则像教员，注重解释词义；而温德却集中了二陈的长处，既有表演，又有解释，结果一些助教都来旁听，这就是当年联大的学风。

联大翻译最出名的是潘家洵教授。他在讲"大一英文"时用的是翻译法，最受学生欢迎，不但教室内座无虚席，门口、窗口都挤满了旁听生，下课铃响了还依依不舍。但他在外文系没开"翻译"课，而是讲"语音学"。"翻译"和"大四英文"合开，开课的先后有叶公超、吴宓、袁家骅三位先生。吴先生讲"大四英文"时要大家先背一篇名著，如哈兹利特的《论哈姆雷特》，再模仿写一篇评论。有人认为这个方法太"笨"，我却觉得"熟读唐诗三百首"，自然水到渠成。吴先生讲"翻译"，举外文系研究生的译文为例，说最大的问题是只译了词（表层结构）而没有译意（深层结构）。他讲了一个故事，说有一个外科医生医治箭伤，只把箭杆切断，却把箭头留给内科医生去取，外文翻译决不能学这个外科医生（这个笑话不一定是吴先生讲的）。这点给我印象很深，50年来一直没有忘记。1941年，美国志愿空军来华对日作战，需要大批英文翻译，外文系三四年级男学生全部应征，参加翻译工作一年，到1942年秋才回联大。那时开"大四英文"和"翻译"的是袁先生，他要我们写中西文化比较的论文。我写了一篇《儒教与基督教》，一篇《庄子与浪漫主义》。现在看来虽然肤浅，却为我进行国际文化交流打下了基础。在袁先生的"翻译"班上，我译了德莱顿的诗剧《一切为了爱情》（又名《江山殉情》，写的是罗马大将安东尼不爱江山爱美人的故事）。直到 1956 年，该译本才由袁夫人钱国英推荐，在上海新文艺出版社出版。回忆起来，不能不感激 50年前教我的吴先生和袁先生夫妇。

外文系必修课还有第二外国语，同班同学大多数选法文，我因为读过鲁迅译的果戈理，巴金译的屠格涅夫，郭沫若译的托尔斯泰，都是俄国作家，就选了刘泽荣先生开的俄文。看见化学系的名教授曾昭抡等进步人士也来旁听，我心中自以为得计。上课后才知道俄文的名词、形容词有三性、六格，动词有二体、三时，比英文复杂多了，不免生了畏难情绪。外文系还有一个选俄文的东北同学，他已经学过几年俄文，并且会说俄语，我们相差很远。不料考试结果，他得 98 分，我却得了 100 分，这一下就增加了我的自信心。哪知好景不长，刘先生到苏联担任文化参赞去了，后继无人，我又只好改选法文。

联大开法文的有吴达元、闻家驷、林文铮、陈定民四位教授。吴先生多用英文讲，闻先生多用法文讲，林、陈二位多用中文讲。我选了吴先生的课，班上"才子佳人"很多："才子"如今天国际著名的数理逻辑学家王浩，后来得了宋美龄翻译奖的巫宁坤；"佳人"如全校总分最高的林同珠，身材最高、亭亭玉立，演英文剧得到满场掌声的梅祖彬（梅贻琦常委的大女公子），巴金的未婚妻、女作家陈蕴珍（后名萧珊），后来出版了毛泽东、周恩来诗词英译本的林同端。我比他们高了一班，成绩不能落后，于是鼓足干劲，力争上游，果然首战告捷，考了 99 分。扣了一分，那是课文中还没讲到的不规则动词，不能算我的错；但是那个动词王浩却写对了，可见他的自学能力之强。这也说明综合大学的优势，文理学院学生同班上课，可以取长补短，共同进步。

回想联大五年，见到的人物真不少。我听过冯至先生的德文，但因为德文的子音太多，比法文的母音还多，所以没学下去。我旁听过吴有训先生的物理，见过他用不倒翁说明重力的问题。我约陈省身、许宝騄二位先生打过桥牌，因为错把"三无将"（3NT）改打"四红心"（4H），失去了战胜两位数学大师的机会。我做生物实验时照书画图，受到助教吴征镒的批评，助教后来成了中国植物研究所所长。甚至体育老师也是清华名人黄中孚（1933 级）。他说过一句名言：I cannot educate you unless you educate yourself.（你不教育自己，我就无法教育你）他要我们每天做体操，保证百病不生。我坚持了 50 多年，果然得益匪浅。

联大不但校内名师云集，校外文化名人来演讲的也不算少。1939 年 1 月 2 日，茅盾就在朱自清的陪同下，讲过"一个问题的面面观"，结论是看问题的角度越多，就越接近真理。老舍曾来做过两次谈写作的报告。巴金则同文学青年举行了座谈会，沈从文和萧乾也喜欢座谈。曹禺 1939 年 7 月 28 日来谈写戏剧的经验，他说剧中人物不能太典型化，太好太坏都不容易引起共鸣；并且他在 8 月 26 日，和联大师生同台演出他和宋之的合编的抗日戏剧《黑字二十八》。就是在这种浓厚的文化氛围中，联大培育了一代风华正茂的联大青年。

我们这一代人当中，成绩最辉煌的自然还是物理系的四杰：杨振宁、李政道、邓稼先、朱光亚。朱课余在天祥中学任教，我兼天祥的教务主任，同他一起打过桥牌，看他计算的精确，无怪乎后来他对发展我国的核事业做出了巨大的贡献。数学系的廖山涛，大一时和我同住昆中北院 22 号宿舍。我发现了用六根直线画 20 个三角形的方法，自鸣得意，要考考他；不料他从理论上证明，六条线只要不平行，随便怎么画都会构成 20 个三角形的。他后来得了第三世界科学院数学奖。工学院的成就比起理学院来也不逊色，除了航空动力学家吴仲华和洲际火箭总设计师屠守锷外，我认识的有卫星回收总设计师王希季，正是他的设计让我国卫星回收安全率超过了美国和苏联，达到了100％。法学院成绩昭著的，我认识1943 年清华研究院的端木正，他参加了香港基本法的起草工作，现在是全国最高法院副院长。我英译的中国古典文学五大名著和汉译世界文学十大名著出版后，曾宴请了几位留欧校友。不过我们这一代人已经"夕阳无限好，只是近黄昏"了。但愿长江后浪推前浪，一代新人胜旧人！

吴宓和浦江清

一

即使是国家的要求，也决不能做任何违背良心的事。

——《爱因斯坦语录》

我在中学时不但读过《论语·言志》，也读过李清照的《金石录后序》，尤其记得后面几句："余性偶强记，每饭罢，坐归来堂，烹茶，指堆积经史，言某事在某书某卷第几页第几行，以中否角胜负，为饮茶先后。中即举杯大笑，至茶倾覆怀中，反不得饮而起，甘心老是乡矣。"到联大后，日本侵略军已经占领了我的家乡南昌，就像《金石录后序》中说的："冬十二月，金寇陷洪州（即南昌）"，那时才能体会李清照的颠沛流离之苦，才能同情《声声慢》和《武陵春》中"载不动许多愁"了。

教李清照后序的是浦江清教授。他曾在东南大学西洋文学系学习，是吴宓教授的学生。吴先生是个《红楼梦》迷，迷到了堂吉诃德的地步。那时昆明有一家餐厅叫做"潇湘馆"，就在吴晗故居的前面，吴宓却提出抗议，说是玷污了林黛玉故居的名誉，一定要餐厅改名，由此可见一斑。他在东南大学时教了四门课：（1）英国文学史；（2）英诗选读；（3）英国小说：1.《威克斐牧师传》，2.《傲慢与偏见》，3. 《大卫·高波菲尔》，4. 《名利场》；
（4）修辞原理。《吴宓自编年谱》224 页说："宓在
东南大学之教课，积极预备，多读书，充实内容，使
所讲恒有精彩。"教的学生中有浦江清和吕叔湘。

吴宓

《年谱》242 页上又说："清华高等科四年级学
生梁治华（字实秋）……述其听宓讲卢梭课，宓预先
写《大纲》于黑板，讲时，不开书本，不看笔记及任
何纸片，而内容丰富，讲得井井有条，滔滔不绝。"
清华当时正缺乏良好教授，于是 1924 年冬，清华大
学就聘请吴先生回校任教。1925 年春，《年谱》260
页上写道："元月，清华国学研究院开始筹备，宓为
主任。""研究院教授四位，已定王国维、梁启超、

浦江清

赵元任。宓特荐陈寅恪。宓持清华曹云祥校长聘书，恭谒王国
维先生，在厅堂向上行三鞠躬礼。王先生事后语人，彼以为来
者必系西服革履，握手对坐之少年，至是乃知不同，乃决就聘。
后又谒梁启超先生，梁先生极乐意前来。"1926 年秋，吴先生
还荐浦江清来清华任陈寅恪的助教。《吴宓日记》8 月 18 日写有：
"夕六时，宓宴浦江清于长安春茶馆。"

吴宓不但荐浦江清来清华，连叶公超也是他聘请的。《吴
宓日记》1926 年 6 月 14 日说："是日为端阳节。晨九时，至甘
石桥访叶崇智（公超，叶恭绰之侄）。叶君急欲来清华任教职。"6
月 20 日说："王文显君招宓谈西洋文学系事，排定各教员应授
之功课。宓不胜王君之邀劝，已允任代理西洋文学系主任（一年）。

计宓下学年授课如下：English Reading［英文读本（二小时）］、The Great Writers（Novel）［文学名著（二小时）］、翻译（三小时），共七小时。"6月27日说："九时，访叶崇智于甘石桥，见之。叶索薪金240元，宓允为转达。"7月16日说："访梅（贻琦）教务长。……梅又与宓商聘叶崇智事。梅欲与叶以220元之月薪，宓未置可否。"8月7日说："上午访王文显，送别。又访钱、叶二君。晚访Winter，教之围棋，即在其处晚餐。"叶君可能是叶公超，因为王文显是西洋文学系主任，Winter（温德）是西洋文学系教授，叶公超可能是接受了220元的月薪应聘了。吴宓在9月4日发牢骚说："本系缺乏教员，校中当局不早聘定，……叶崇智则靳其薪。……难哉！此清华园，即腐败中国之小影，而亦恶劣之人生之小影也。"

吴宓代理系主任时，陈福田是"书记"（等于现在的秘书长）。《吴宓日记》9月13日说："九时后，大学第二年英文丁组学生三人来，要求撤换陈福田。宓坚持不允。"陈先生英语说得很好，比温德还流利，但讲小说只会照本宣科，不如吴先生。学生要求撤换，可见当时清华重文学、轻口语的风气。

吴先生教英国小说，他认为小说是具体而微的人生，而小说又高于历史，因为小说比历史更具有普遍性，更有代表性。他最喜欢的英国小说是萨克雷的《名利场》，书中的男主角之一都宾是一个道德上的理想人物，他心地善良，精神高尚，但是外表有点笨拙。另一个男主角奥斯本却是社会上的理想人物，外表聪明伶俐，善于交际，讨人喜爱，但不忠于爱情。吴先生

清华大学外文系师生合影

认为道德上的理想比社会上的理想更重要。女主角之一爱米丽是个贤妻良母式的人物；另一个女主角蓓姬却更美丽，富有机智，为了金钱不择手段，力图进入上流社会。吴先生认为从爱米丽到蓓姬，可以看出对女性的理想是如何发展的。在他的生活经验中，以及在他的文学作品中，他也想表现这种对女性、对爱情的理想。但是他在爱情上的失败，在生活中缺少幸福，使他认为自己受到道德理想主义者的误解，又受到社会人士的攻击。这两句话可能是了解吴先生前半生的关键。

吴宓先生代系主任时最大的贡献可能是制定了外文系培养学生的目标：（甲）成为博雅之士，（乙）了解西洋文明的精神，（丙）熟读西方文学的名著，（丁）创造今日的中国文学，（戊）交流东西方的思想。结果，清华大学造就了不少博雅之士，如钱锺书、曹禺、李健吾、穆旦等。几乎可以说：本世纪中国的外文人才多半都是吴宓的学生。

浦江清也上过吴宓的英国小说，他最喜欢的名著是哈代的《还乡》。他在 1929 年 2 月 3 日的《清华园日记》中写道："《还乡记》读完,诚杰作也。余不以小说目之,以最佳之散文目之。"《还乡》的男主角姚伯在巴黎当过钻石商店的经理,回到荒原想要为村民谋福利,却得不到理解与支持。女主角游台莎生性高傲,喜欢空想,嫁给姚伯之后,希望他带她离开荒原,却未能如愿。又发生了一连串的误会和不幸事件,结果在黑夜里出走时,失足落水而死。小说中的荒原体现了大自然的严酷无情,而软弱的人类却无法掌握自己的命运。书中既写了人与自然的矛盾,又写了个人的理想与社会现实的矛盾,所以浦江清认为是一部杰作。

但他对当代的中国文学作品,评价却并不高,包括《吴宓诗集》在内。他在 1928 年 8 月 30 日的《清华园日记》中说:"吴雨僧(即吴宓)先生到校招余去谈,因观其《南游杂诗》百首,佳者甚少。吴先生天才不在诗,而努力不懈,可怪也。"吴宓请他助理编辑《大公报文学副刊》,他在 1929 年 2 月 5 日的日记中说:"佩弦(即朱自清)交来副刊稿件。为评老舍君之《老张的哲学》《赵子日》两小说之文。文平平,无什特见。……老舍君笔头甚酣畅,然少剪裁,又多夸诞失实,非上等作家也。"1932 年 1 月 10 日说:"徐志摩之为人为诗,皆可以'肉麻'二字了之。"朱自清的散文,老舍的小说,徐志摩的诗,都是一时之选,浦江清却对他们评价不高,可见他的眼力不同一般。

但是对于戏剧,他的看法却有不同。在 1931 年 1 月 14 日的《清华园日记》中有一段议论:"西洋戏剧究属是现实的,所以如易卜生一类的话剧当然西洋人演得好;但是搬演古事,演传奇、传说或历史剧，则中国剧艺进步。中国剧的艺术使古人的生活举动都理想化了，美化了。戏台上的人物和戏台下的观众，举动笑貌，全然不同。……总之，庄严的，伟大的，美妙的历史剧，恐怕还得推中国剧。我看了外国戏，反倒认识了中国剧在世界的地位。"

关于文学史，浦江清在 1931 年 1 月 23 日《清华园日记》中说："读 Jameson《欧洲文学史》，此书新出，撰者即本校教授，甚佳。"我上吴宓先生的文学史课，用的就是 Jameson 的书，觉得内容平平，有些俄国小说，讲的还不如我知道的多。而浦江清却认为"甚佳"，由此可以看出两代人的差距。我也听了吴宓讲卢梭，又觉得不如梁实秋说的那么好，只发现他和卢梭一样喜欢和美人在一起而已。吴宓给我印象最深的还是雪莱的一句诗：爱情好比光，照在两个人身上还是一样亮。卢梭和雪莱，在我看来，就是吴宓景仰的人物，学习的榜样。

我也上过浦江清的作文课，就像他对朱自清的评价一样，觉得"平平，无甚特色"。记得有一次他问我们："一个人走进来，面貌如何，身材如何，……"这句应该如何修改？我一听就知道应该说："进来了一个人"，这样才算前后连贯，因为我在小学就学过句法了。我的作文《翠湖》中有警句："人们要把小堤、曲径，一齐改成大路，正如他们要把超人、愚人，一齐化为庸俗。"结果作文只得 70 分。另一篇作文《王子猷》平淡无奇，反倒得了 75 分。于是我认为浦先生重稳不重巧，他是个古典派，而吴宓是个浪漫派。

其实，浦江清讲得最好的课是词选。例如他讲李白《菩萨蛮》的头两句"平林漠漠烟如织，寒山一带伤心碧"说："此词意境高远阔大，开始用'平林'两字即使人从高远阔大处想。'漠漠'不是广漠的意思，它和'密密''蒙蒙''冥冥''茫茫'等都是一音之转，所以意义也相近。翻成文言式的白话是'迷茫地、蒙蒙地'或'迷漫地'，说烟气。如考察它的语源，正确的翻译应是'纷纷密布'。……第一句说远处树林里的烟霭纷织已足够引起愁绪，到第二句便径直提出'伤心'两字。山无伤心的碧，亦无不伤心的碧，这是以主观的情感移入客观的景物，西洋文论家所谓移情作用，中国人的老说法是'融情于景'。"分析非常细腻。后来我把这两句译成英文，法文如下：

（Eng. ）

Over far-flung wooded plain wreaths of smoke weave a screen;

Cold mountains stretch into a belt of heart-rending green.

（Fr. ）

Le champ boisé setend, tissé de fumée grise;

Dans le lointain le mont bleuit, le coeur se brise.

浦先生不但长于分析，而且善于综合比较。如他比较李白的《菩萨蛮》和《忆秦娥》（"箫声咽，秦娥梦断秦楼月。秦楼月，灞陵柳色，年年伤别。乐游原上清秋节，咸阳古道音尘绝。音尘绝，西风残照，汉家陵阙。"）说："《菩萨蛮》是能品，《忆秦娥》是神品；《菩萨蛮》有刻划语，《忆秦娥》的音韵天成；《菩萨蛮》是有我之境，《忆秦娥》是无我之境。作者置身极高，缥缈凌空，把长安周遭百里鸟瞰，而且从箫声柳色说起，说到西风残照，不受空间时间的羁勒，这样的词真可说是千中数一，虽非李白所作，要不愧为千古绝唱也。"后来我把《忆秦娥》的上片译成英文如下：

The flute is mute;

Waking from moonlit dream, she feels a grief acute.

O moon, O flute!

Year after year, do you not grieve

To see neath willows people leave?

浦江清后来当了清华大学中国文学系主任，吴宓却只代理西洋文学系主任一年。在两位古典派和浪漫派老师的教导之下，我就成了今天的我。

二

这些人物在这本书里是有双重意义的：一方面，他们大抵在中国的 20 世纪中走过漫长的路，又大抵是些智者，他们的人生各有异彩，他们的命运各成乐章，那本来是引人注目的；另一方面，人们关注名人终究是为了关注自己，是为了从中得到对所处生存环境的认识和在世间生活的资财。

——骆玉明《近二十年文化热点人物述评》

吴宓和浦江清不但有师生关系，还有编者与作者的关系，因为吴宓编《大公报·文学副刊》时，请浦江清做助手和撰稿人，但是这种关系并不和谐。《吴宓日记》1928 年 5 月 30 日写道："昨晨即拟发《文学副刊》稿，而浦江清必欲增撰《论王静安先生之自沉》一文，强宓待其做出乃寄。又失时约。……而今日上午 10–11 浦君又持一纸来，欲追改前稿。前之急，后之琐，殊为可恨。而宓以少年气盛，有文才者尤骄，故曲意容忍，一切照办，但云下不为例。……宓颇愤浦之专横。彼云：'个人文章自负责'，宓云：'但总编辑有修改之权'。实则宓包办《文学副刊》，出钱买文，彼等何能置词？惟宓力行谦抑。……故极力退让。彼则不谅，一再进逼。不许宓改其文辞，而对宓稿则坚欲改易。宓已允照改，彼犹不息，乃由宓手夺笔去而改之。殊属无理。"

再看看浦江清《清华园日记》1928 年 9 月 20 日是怎样说的："与吴先生争《文学副刊》署名不署名问题。先生成见甚深，全不采纳他人意见。视吾侪如雇工，以金钱叫人做不愿意做之文章，发违心之言论。不幸而余在清华为吴先生所引荐，否则曷为帮他做文章耶？"而同一天的《吴宓日记》却说："浦江清来，……颇有异议，讨论久之。宓陈办事之困难，浦君感情郁激，至于哭泣。宓只得勉慰之。宓作事之困难不能告人。盖《文学副刊》赞襄诸君，皆系文人书生，故（一）盛意气；（二）多感情；（三）轻视功利；（四）不顾实际之需要及困难，往往议论多而成功少。一己成绩殊微而专好批评他人文章，干涉他人之思想言动。……故只有自己每事吃亏，才可维持于不坠耳。"

比较一下两人的日记，可以说吴宓对浦江清的了解更深。他说浦江清少年气盛，恃才傲物，成绩殊微而好批评。我觉得浦江清的才表现在知人论事上。如他说吴宓才不在诗，可能不错；但他对朱自清、老舍、徐志摩的评价，则可能失之偏颇。如李广田说："在当时的作家中，有的从旧垒中来，往往有陈腐气；有的从外国来，往往有太多的洋气，……朱先生则不然，他的作品一开始就建立了一种纯正朴实的新鲜作风。"对徐志摩，浦江清当时觉得"肉麻"，但在今天看来，也可以说是一种浪漫主义的新作风。至于老舍，似乎不如哈代；哈代的《还乡》虽是"杰作"，但加上了红土贩子德格和情人朵荪的幸福结局，冲淡了故事的悲剧气氛，和老舍的"夸诞失实"是差不多的缺点，但并不失为"杰作"，所以应该说老舍也不失为"上等作家"。

至于评论诗词，浦江清的确有新见，如认为《菩萨蛮》和《忆秦娥》不是李白的作品，因为那时还没有这两种词调。但说有易，说无难，后来在敦煌发现了《菩萨蛮》的手抄稿，有人认为就是天宝年间所作；加上《菩萨蛮》中"西风残照，汉家陵阙"寥寥八字，"遂关千古登临之口"，以气象论，像是李白的诗句。

而《忆秦娥》中的"年年柳色,灞陵伤别"说的正是天
宝年间安史之乱,战士离家出征的情况,因此更有可能
是李白的作品了。这样看来,吴宓说浦江清议论多而成
功少,不是没有道理的。

罗曼·罗兰

那么,浦江清对吴宓的意见呢?第一是成见太深,
不能接受意见。但从上面的例子看来,浦江清的意见有
失偏颇,不一定非接受不可。第二,吴宓把他看作"雇工"有
损他的自尊心。虽然吴宓说过"出钱买文"的话,但他让浦江
清抢过笔去改他自己的文稿,恐怕不是会让雇工做的事。第三,
吴宓强人所难,要浦江清写违心的文章。但我觉得如有独立精神,
可以拒绝写作。浦江清强改吴宓文稿,不就说明他有独立精神
么?在我看来,吴宓作为编者,本有修改之权,竟让作者修改,
这已是委曲求全,反倒是作者在强加于人了。总而言之,吴、
浦之间的矛盾,我看主要应由作者负责。上一代的作者和编者,
自尊心和独立性都很强。到了我们这一代,就不可同日而语了。

我在西南联大毕业时,翻译了英国作家德莱顿的诗剧《一
切为了爱情》,中有一句安东尼的台词说:"我的感情已经飞
出了理智的视线之外。"出版时上海编者加了几个字:"已经
飞到九霄云外去了。"我的第一个反应是:原文并没有"九霄
云外"字样,这样翻译不是不忠实于原文吗?第二个反应是:
原文形式上虽没有这几个字,加了也并没有改变原文的内容。
第三个反应是:到底是加还是不加更能表达安东尼的感情呢?
答案是加了更有力量,于是就接受了编者的修改意见。这是我

初出茅庐时翻译的三部曲。也就是对"信、达、雅"三方面的
考虑。不仅此也，后来我翻译法国作家罗曼·罗兰的小说《哥拉·布
勒尼翁》，有一句直译是："在陈列着阳光和泥土的餐桌上，
我的口水直流。"我参考"九霄云外"的译法，把译文改成："面
对着醉人的阳光和秀色可餐的大地，我总是口水直流。"这就
是作者接受编者意见的结果，我并没有雇工之感，可见是否接
受意见，要看意见是否正确。

　　如果意见不够正确，那就不能接受。我在翻译巴尔扎克的
小说《人生的开始》时碰到了一个问题：当时法国文艺界有一
种风气，就是把成语改动一两个字，使成语显得荒诞可笑。例
如法国有个成语：每个人都夸自己信奉的圣徒会传道说教。法
文的"传教"（precher）和"钓鱼"（pêcher）只差一个字母，
于是艺术家就开玩笑说：人人都夸自己的圣徒会钓鱼。编者要
我这样直译，我却没有接受，因为我觉得这样翻译如果不加注
解，读者一定会莫名其妙。中国有一句俗话："卖瓜的说瓜甜"，
内容和这句法国成语差不多，而"瓜"的字形和"爪"相近，
所以我把这句成语译成："买爪的说爪甜"。我认为这样能使
读者领会到原作的谐趣，编者也就接受了我的意见。但要得到
编者同意，有时是需要经过斗争的。如我翻译司各特的小说《昆
廷·杜沃德》第二章时，书中引用了莎士比亚一句话，朱生豪
的译文是："我要凭着我的宝剑，去打出一条生路来。"编者
要我引用。我却认为原文有个oyster(蚌壳)的形象没有翻译出来，
要改译成："世界就是一个蚌壳，我要用刀剖出珍珠。"编者

不肯同意，因为朱译早已出版。后来我在朱译中找到一个例子："那忠实的罗马人把这一颗蚌壳里的珍宝献给伟大的埃及女王"，证明朱生豪还是要译出"蚌壳"形象的，编者才不得不让步。这几个例子说明现代作者和编者的关系似乎和吴、浦关系不同。

我和编者斗争也有失败的时候，如南京约我重译《红与黑》，第一句的旧译是："维里埃尔这座小城可以算是弗朗什·孔泰的那些最美丽的城市中的一座。"我改译成："玻璃市算得是方施－孔特地区山清水秀，小巧玲珑的一座市镇。"编者认为玻璃市意译不如音译，山清水秀和小巧玲珑是四字成语，陈词滥调，不如美丽的小城；我认为玻璃市比音译好得多，美丽的城市只指房屋，并不包括山水，而且全句比旧译精练，旧译根本不像一流作家会写出来的句子。再如最后一句，旧译是："她抱吻着她的孩子们离开了人世。"我觉得译文没有传达原文含恨而死的意思，就改译为"魂归离恨天"。编者认为这是滥用典故，在报纸上大加批评，然后征求读者意见。读者已经先入为主，自然反对新译。但如把这两句除外，其他译例得票数倒是难分高下的。我也发表文章，摆事实，讲道理，但争辩也没有用，胳膊扭不过大腿，我只好把新译改交湖南文艺出版社出版。

杜朗特说得好："把不相等的人或物放在平等的地位，其实是不平等。"（The equality of unequals is inequality. ）霍金说得更好："人要活到一定的年纪才会意识到生活并不公正。你所必须做的是在你所处的环境下尽最大的努力。"

第二章 时代精英 不负韶华

杨振宁和我

一、往事

在人生成功的过程中，须具有3种因素：1. 天才：学问方面，天才成分占得多。有无发明与创作是不只以得多少分数，几年毕业所能达成的。2. 努力：道德方面，努力成分占的多。每个人都有他所应做的事，做到尽善尽美就是成功。3. 命：事业方面，命或机会成分占的多。命指人在一生之中所遭遇到的宇宙之事变，而且又非一人之力所可奈何的。

——摘冯友兰语

在我认识的同学中，杨振宁的成功是三种因素都具备了的。第一，先谈天才，他4岁就认字，他的母亲教了他3000多个；而我4岁时才学会300个字，我的母亲就去世了。他5岁读《龙文鞭影》，虽然不懂意思，却能背得滚瓜烂熟；而我只会看白话小说，背《水浒》一百零八将。只有造型艺术，他用泥做的鸡使他

许渊冲和杨振宁合影

的父亲误以为是一段藕，而我却会画唐僧取经。可见我长于形象思维，而他的逻辑思维却远远超过了常人。

冯友兰先生说：成功的人考试分数不一定高。这话对我说来不错，因为我虽然翻译了几十本诗词，但《翻译》课和《英诗》课考试的分数都在 80 分以下；而杨振宁却是分数既高，成功又大。他考入西南联大时，是两万人中的第 2 名。和我同班上叶公超教授的《大一英文》时，第 1 次小考要在一小时内听写 50 个词汇，5 个句子，回答 5 个问题，还要写一篇短文。我考了 85 分，这是我在中学从来没有得到过的分数；而振宁却得了 95 分。期末考试 2 个小时，他只 1 小时就交了头卷，成绩又是全班第 1。而《物理》和《微积分》，不是 100 分就是 99，无怪乎他小时候就说将来要得诺贝尔奖金了。这不是天才吗？

成功的第 2 个因素是努力。每个人应该做的事如果做得尽善尽美，那就是成功。杨振宁在初中的两个暑假里，跟清华大学历史系的高才生丁则良学上古的历史知识和《孟子》，结果他全部《孟子》都背得出来。这不是尽善尽美吗？而我的历史知识却是听乡下大伯讲《三国》，自己看《说唐》等书得来的；至于《孟子》，我只会背开头一句："孟子见梁惠王"和"王何必曰利，亦有仁义而已矣。"我是学文的，他是学理的，这样一比，更看得出差距多么大了。

杨振宁的父亲武之教授说："1928 年我回国时，振宁六岁，在厦门和在清华园，我已感到他很聪明，领悟能力很强，能举一反三，能推理，还善于观察。他的表达能力也不错，在北平崇德中学念书时，参加演讲比赛，得过两个银盾。他的演讲稿是他自己准备的。"比起他来，我的领悟力、推理力、观察力都相差很远；只有表达力，他更善于说理，我更长于抒情。我在小学演讲得过第二，中学英语演讲也得过第二，所以后来在大学讲课，还能有吸引力，甚至有感染力。

振宁的二弟振平说："6 岁的大哥常去海滨散步，很多孩子都在拾贝壳。大哥挑的贝壳常常是很精致，但多半是极小的。父亲说他觉得那是振宁的观察力不同于常人的一个表现。"而我在画牛魔王大战孙悟空的时候，却只画了牛魔王的两只角，而没有画耳朵，因为我不知道牛耳朵画在什么地方，可见我的观察力差。

振平又说："振宁生来是个'左撇子'。母亲费了一番精力把大哥吃饭、写字改成右手，可是他打乒乓、弹弹子、扔瓦片，仍旧自然地用左手，因为人的左脑控制右手，而右脑控制左手。我常常在想他后来异乎寻常的成就也许和两边脑子同时运用有关系。"我写字、打乒乓，从来都用右手，所以重文轻理，不如他文理兼优了。

振平还说："念书对振宁是很不费劲儿的。他 7 岁就进了小学 3 年级。一般孩子对念书觉得是苦事，他则恰恰相反，他生来就有极强的好奇心，敏锐的观感。"我"有时翻开大哥高中时的国文课，记得在李白的《将进酒》长诗后面有他写的几个字：'劝君更尽一杯酒，与尔同销万古愁。绝对！'多年以后我问他为何把王维《渭城曲》的一句和李白的《将进酒》的一句凑在一起，他说那是父亲当年在安徽某小城的一个酒家看到的一副对联。"由此可见他是怎样毫不费劲就学到了古代诗句的。我后来把王维的"劝君更尽一杯酒"译成英文：

I would ask you to drink a cup of wine again.

又把李白的"与尔同销万古愁"译成：

Together we may drown our age-old grief and pain.

这就发挥表达力，把这一副"绝对"译成韵文了。

振平又说："大哥进了大学以后，开始念古典英文书籍，如《悲惨世界》。""他常常一面看，一面翻译出来，讲给弟妹们听。每天讲一小段，像从前中国的说书人一样。我们听得不但津津有味，而且上了瘾，每天吃晚饭后就吵着要他说书，可惜他有一个大毛病，在一本书还没讲完之前，他就已经开始讲第二本了。"振宁边看边翻译，说明了他学习不费劲的原因。我在大一时边听《政治学》边翻译成英文，也加强了中译英的能力。

振平还说："大哥常和一群年纪相当的教职员子弟骑车在清华园到处跑。他说他们常常从气象台所在的坡顶上骑车冲下来，在一段没有栏杆而只用两片木板搭成的小桥上疾驰而过。车行急速，十分过瘾。"我在中学时也喜欢骑自行车从坡顶上冲下来，但不是冲上独木桥，而是平坦的阳关大道。南昌第二中学从大门到二门之间有一道门槛，门槛正中有个缺口，只能过一辆自行车，但前轮和后轮必须成一直线，否则车子就会摔倒。我也喜欢骑车从缺口过，过了就得意洋洋，过不了也不会摔跤。这说明振宁骑车力求尽善尽美，我却甘居中游。振宁喜欢下围棋，"桥牌也很来劲儿"，我却觉得围棋是一片汪洋大海，不知从何下手，只喜欢下五子棋。桥牌只有 52 张牌，我可以在有限的小天地里显显身手。

振宁的妹妹振玉说："大哥童年时在清华的玩伴，画家熊秉明当时已显出艺术才华。他和大哥合作自制土电影放给难得有机会看电影的孩子们看。由秉明画连环图画，大哥在旧的饼干筒的圆口上装上一个放大镜，筒内装一只灯泡，当连环画在放大镜前抽过时，墙上即有移动的人物。"在当时困难的情况下，

清华大学外语系庆贺许渊冲 90 岁生日，杨振宁及翁帆参加了聚会

这真可以算是尽善尽美的土电影了。

· 武之先生作总结说：振宁"天资聪颖，得天独厚，又刻苦努力，竟集学问之大成，成为世界级的科学家，已对人类做出重要贡献，为中华民族争光"。这就是说，在取得成功的三个因素中，他既有先天的才能，又有后天的努力。那么，第三个因素——人生的机遇如何呢？

杨振宁自己说："从 1929 年到抗战开始那一年（1937），清华园的 8 年在我回忆中是非常美丽，非常幸福的。那时中国社会十分动荡，内忧外患，困难很多。但我们生活在清华园的围墙里头，不大与外界接触。"这就是他得天独厚的童年。1938 年他在昆华中学高中二年级，却以同等学力考取了西南联大，据振平说，是两万考生中的第 2 名。我也在同一年考取联大，是外文系的第 7 名。第一名是江苏才女张苏生，她《大一英文》的成绩最高，比振宁和我都高 10 分。但大二时上吴宓教授的《欧洲文学史》，我的考试成绩居然比她高出两分，这就增加了我学好外文的自信心。有一次我和她合作打桥牌（Bridge：音译"不立志"），本来是一副"大满贯"（Grand Slam）的牌，她却"不立志"，只叫到"三比大"（3 No-Trump）就刹车了。这似乎预示了我们后来不同的命运。1942 年她和杨振宁同时考入清华研究生院（那时叫研究院）。我因为应征到美国志愿空军去做英文翻译，直到 1944 年才入研究院；虽然没有念完，却将英国 17 世纪桂冠诗人德莱顿的诗剧《一切为了爱情》译成中文，这是我翻译的第一本文学作品。

1944 年杨振宁考取清华公费留学美国，这是他一生成功的一个重要机遇。同时考取的有联大工学院的助教张燮。张燮是我中学时代的同学，他和熊传诏同班。熊（熊传诏）是文科冠军，张（张燮）是理科冠军，曾得江西省数学比赛第一名。来联大后，杨振宁是理学院的状元，张燮是工学院的状元。当时工学院有一门必修课程的考试最难通过，全班常有一半学生不及格，张燮只用了一半时间就交了头卷，而且得了满分，工学院的同学都说他是天才。但 1957 年杨振宁得诺贝尔奖时，张燮却在云南大学被打成了右派，从此一蹶不振。两个天才的命运如此不同，真有天渊之别！

在他们两人公费留美时，我报考了法国文学，成绩是第 4 名，只能自费出国。这是我一生的重要关头。假如我也去了美国，那 20 世纪就不一定有人能将中国古典诗词译成英法韵文了。在杨振宁得奖的前一年，我出版了英国名剧《一切为了爱情》，后一年又出版了法国罗兰的小说《哥拉·布勒尼翁》，还将毛泽东的诗词译成英文诗和法文诗。当时的高等教育部公布了《高教六十条》，说外语一级教授必须精通两种外文。在我看来，"精通"至少是要出版两种外文的中外互译作品，这也就等于外文界的诺贝尔奖了。不料评的结果，没有一个一级教授用两种外文出版过作品，而我这个符合规定，出版了中、英、法 3 种文字作品的人，却只评为最低级的教授。因此我想到，假如杨振宁像我一样在 50 年代初就回到中国，他肯定得不到诺贝尔奖，假如我留在国外，也取不到今天的成绩。因为中国人的作品在国外属于少数民族的文学，在美国如果不受种族歧视就算好事，而在法国出版的中国古诗选都是不押韵的，所以我的诗体译文在国外很难出版。现在出了50多本，已经可以算是不幸中的大幸，这就是命运了。

杨振宁说过："我一生最重要的成就是帮助克服了中国人觉得自己不如人的心理。"英文和法文是英美人和法国人的最强项，中国人的英法文居然可以和英法作家媲美，这也可以长自己的志气，灭他人的威风了。

二、久别重逢

衡量天才的标准是有所创造，而所创造的须对人类发生有益的影响而且有持久性。

——朱光潜《歌德谈话录》

什么样的人才能做出什么样的作品。但丁在我们看来是伟大的，但是他以前有几个世纪的文化教养。

——朱光潜《歌德谈话录》

1997年5月25日，杨振宁在南京参加"杨振宁星"命名仪式之后，5月28日来到北京。我们自从西南联大毕业，已有50多年没有见面。最近（1996年底）我在三联书店出版了一本回忆录《追忆逝水年华——从西南联大到巴黎大学》，书中谈到我们当年一同上课的往事。他读了有兴趣，从美国发来电传，约我在北京面谈，并且寄来了两本《杨振宁文选》。

我在香港《今日东方》创刊号上读到他的文章，他说："我那时在西南联大本科生所学到的东西及后来两年硕士生所学到的东西，比起同时美国最好的大学，可以说是有过之而无不及。"这就是说，当时西南联大已经可以算是世界一流的大学了。西南联大是抗日战争时期北大、清华、南开在昆明联合组成的大学，现在 3 校都在争创国际一流水平，那联大的历史不是可以作为借鉴吗？

杨振宁为什么说联大比当时的美国大学还好呢？联大常委梅贻琦校长有一句名言，说大学不是有大楼而是有大师的学校。我们现在回顾一下，当年联大有哪些大师。杨振宁大一物理的教师是赵忠尧教授，赵在 1930 年第一次发现了正负电子对的湮灭现象。杨大二电磁学的教师是吴有训教授。吴在 1923 年随康普顿研究 X 射线的散射，证实了康普顿效应的解释，使康普顿在 1927 年得到诺贝尔物理奖。杨的大二力学教师是周培源教授，学士论文的导师是吴大猷教授。杨说，他从周、吴二位"学到的物理已能达到当时世界水平。比如说，我那时念的场论比后来我在芝加哥大学念的场论要高深，而当时美国最好的物理系就在芝加哥大学"。杨振宁又说："周先生……是中国广义相对论研究和液体力学研究的带头人。吴先生则是量子力学研究……在中国的带头人。量子力学是 20 世纪物理学最重要的革命性的新发展。……没有量子力学，就没有今日的半导体元件，

杨振宁、许渊冲与叶嘉莹在北京饭店

也就没有今日的计算机。"杨的硕士论文导师是王竹溪教授。
吴大猷和王竹溪两位"引导杨振宁走的两个方向是对称原理和
统计力学。这是他一生中主要的研究方向"(《文选》222 页)。
而在 1949 至 1950 年间,在普林斯顿高等学术研究所里还"没
有人研究统计力学"(《文选》62 页)。杨振宁在大三时选修
过陈省身教授的微分几何,后来明白了陈省身——韦尔定理,
领悟到"客观的宇宙奥秘与纯粹用逻辑及优美这些概念发展出
来的数学观念竟然完全吻合,那真是令人感到悚然"(《文选》
203 页)。有了赵、吴、周、吴、王、陈这些理学院的大师,所
以西南联大成了当时世界一流的大学。

联大文学院如何呢？文学院院长先是胡适，后是冯友兰。冯先生总结了2500年来儒家礼乐治国的哲学，可以说是20世纪的哲学大师。陈寅恪先生倡导以诗文证史，以史释诗文的方法，沟通了文史两科的内在联系，是文史界的一代宗师。中国文学系有散文大师朱自清、小说大师沈从文，诗人闻一多先生对《诗经》《楚辞》等的研究，都达到了国际水平。外文系吴宓先生是第一个研究中西比较文学的大师。钱锺书先生则学贯中西，直到目前为止，还很少有人能和他媲美。

在这些文理学院的大师引导之下，西南联大出了很多人才。除了杨振宁、李政道这两位得到诺贝尔物理奖的校友之外，物理系还有"两弹元勋"邓稼先，核武器专家朱光亚，半导体专家黄昆等人。数学系最突出的是王浩，他创立了新的数学理论——铺砖理论在1983年得到"数学定理机械证明里程碑奖"。工学院的人才也不少，如三峡水利枢纽的设计大师曹乐安，1959年为美国发射第一个卫星有功的何广慈，创建三元流动通用理论的气动热力学家吴仲华，使我国返回式卫星居于世界前列的卫星总设计师王希季，在美国最早参加电子计算机的开发者陈同章，我国中远程火箭的总设计师屠守锷等人。文法学院则有香港基本法的起草委员、《国际法》的主编端木正，作家汪曾祺，诗人穆旦等。我虽然在学术上没有什么惊人贡献，但在国内外出版《诗经》《楚辞》、唐诗、宋词英译本，也是出自文法学院。

杨振宁说："中国学生念书远比美国学生念得好。中国学生中，念得好的很好，即使念得中等的也比美国学生中念得好的要好。因为中国学生受到几千年来的传统教育，学习上严格、认真、努力。""中国学生在考试成绩上一般名列前茅，但在做研究工作方面，中国学生就显得吃力，创造能力不够。"在我看来，杨振宁就是念得好的典型，他在联大物理和微积分的成绩是 99 分和 100 分，其他各科也都名列前茅，就连英文，也比我这个外文系的学生高出一分。而我却只是个中等学生，虽然法文和俄文也考了 99 分和 100 分，但英诗和翻译却只得 78 分。后来，我把古典诗词译成英、法韵文，却是重视了"创造能力"的结果。杨振宁说得好："一个人要用功读书，这是对的，可是除了用功之外，还要提倡能够想办法发展每个人的兴趣，有了兴趣，'苦'就不是苦了，而是乐。假如到了这个境地，我想很多工作就比较容易出成果了。"我出成果，正是因为把创造美当成了人生的最高乐趣。

杨振宁说："我在中国学到了推演法。在芝加哥大学又学到了归纳法，先后得到了中西教育精神的好处。"芝加哥大学费密教授研究风格的特点，杨振宁认为"是从物理现象出发，不是自原理出发"。我认为这个特点很重要，和我国一些翻译理论家的研究风格恰恰相反，他们不从现象出发，而自原理出发，凡是不合乎他们的原理的现象，他们就认为是错误的，或者是不好的。举例来说，《杨振宁文选》中引用了杜甫的诗句："文章千古事，得失寸心知。"这次他们夫妇来京，我就问他们是如何译的。振宁向我要了我的两本著译，一本是北京大学名家名著《中诗英韵探胜》，另一本是英国企鹅丛书中的《中国不朽诗三百首》。我在两本书上都题了这两句杜诗的英译文，一本把"得失"直译为"gain and loss"，另一本意译如下：

A verse may last a thousand years.

Who knows the author's smiles and tears ?

我自己更喜欢意译，但译论家却从直译的原理出发，认为前者更好，这就妨碍了创造力的发挥了。

我们久别重逢，振宁问我译了晏几道的《鹧鸪天》没有？接着他就背诵起来："从别后，忆相逢，几回魂梦与君同！今宵剩把银釭照，犹恐相逢是梦中。"我说译了，并且翻到《中诗英韵探胜》415页。他一读到"舞低杨柳楼心月，歌尽桃花扇影风"，就说，他记得是"桃花扇底风"。我说有两种版本，"桃花扇底"说扇子上画了桃花，歌女边唱边摇扇子，歌舞通宵，累得连扇子都扇不动，扇子底下都没有风了。这样解释，那么上联的"杨柳"就是楼名；如说"桃花扇影"，那杨柳和桃花都是实物，指楼周围的杨柳，和桃花留在扇上的影子，甚至留在风中的影子，月亮低沉，扇上和风中的桃花影子都消失尽了。两种版本，哪种对呢？两种解释，哪种美呢？如果很难说哪种对，我就按照更美的解释翻译。因为译诗的主要目的不是使诗人流传后世，而是使人能分享诗人美的感情。我认为译诗要巧，要发挥创造力。

杨振宁曾说过："中国的文化是向模糊、朦胧及总体的方向走，而西方的文化则是向准确与具体的方向走。"又说："西洋诗太明显，东西都给它讲尽了，讲尽了诗意也没有了。""中文的表达方式不够准确这一点，假如在写法律是一个缺点的话，写诗却是一个优点。"我很赞成他的见解。相对而言，"桃花扇底"更加准确、具体，是用空间的变化来表示时间的流逝，欢歌达旦，连歌女扇底下的风都停了。"桃花扇影"却更模糊、朦胧，可以说是扇上画了桃花，也可以说是月亮把花影留在扇上，甚至可以说是把花影留在风中，连风也染上了桃花色，和桃花一样"陶"醉融"化"在歌声中，这就不只是用空间来表示时间，而是用声色的交融，视觉和听觉合而为一，来描写欢乐之情，那不是比"桃花扇底"更有诗意吗？同样的道理，上联"舞低杨柳楼心月"可以理解为跳舞跳得月下柳梢头了，那是用空间表示时间，"楼心"我看应该是楼在杨柳中心的意思，和"扇影"是桃花留在扇上的影子一样，月"低"则不只是表示空间和时间，还可把月亮拟人化，说月亮观舞听歌入了迷，要低下头来看个清楚，听个分明，那描写歌舞通宵的欢乐之情，不是又更深了一步吗？不是更能表明中文写诗的优越性吗？无怪乎英美意象派诗人都以中国诗为师了。

《杨振宁文选》237页上说："做物理研究之三要素是三个 P: Perception, Persistence, Power, 即眼光，坚持与力量。"我对振宁说："可以译成'眼力，毅力与能力'。"他说："那不是把'三 P'变成'三力'了吗？"我说："你本来就是力学大师嘛！"他在《文选》139 页上说：把"已有的知识和自己的见解……结合起来，从而冒出新的方向，这才是研究工作最重要的一点。"我看他不仅是在文化上，就是在科学上的论述，也能给我启发。杨振宁认为："自然界中存在四种基本相互作用：强作用、电磁作用、弱作用和引力。现在知道，传递这些作用的都是杨—米尔斯场。"把这些作用和自己的见解结合起来，我认为，两种文学在翻译时存在三种势态：优势、均势、劣势。译者要化劣势为均势，充分发挥优势。这种说法似乎牵强，但对我而言，却能解决问题。

总而言之，振宁在科学研究上取得了大成就，我也在文学翻译上取得了小成果。归根结底，不能不感谢西南联大和清华研究院给我们的教育。联大所以成为世界一流的大学，我看一是因为有一批学贯中西的大师，二是因为培养了一批有创造力的学生，三是因为学术自由、领导民主、员工精干。联大师生比例是一比十，教职员的比例是十比一，可供今天大学参考。邓小平同志说过："不管白猫黑猫，能抓老鼠就是好猫。"又说："他愿做知识分子的后勤部长。我看联大师生多是好猫，领导又是后勤部长，所以能成世界一流大学。今天我国不少大学都在争创一流，我看可在出人才、出大师、学术民主三方面下功夫。国内有个外语学院，现在改大学了，8 年前发表了一篇和我"商榷"的文章，内容一无可取，我 3 年前才看到，写了一篇答辩，不料该院学报却不登载。学术上这样不民主，能提高水平吗？更不用谈国际一流了！

　　振宁是和夫人杜致礼同来北京的，我和内人照君同去清华园看他们，并且共进早餐。振宁在昆明教过致礼，他问照君是否也是我的学生？照君说是，并且告诉他，她年轻时见过毛泽东主席，毛主席一听她的名字就说：昭君是要出塞的，结果她果然在塞外工作了 18 年。我问致礼：1945 年昆明市在拓东体育场开运动会，杜聿明将军带了子女绕场一周，其中有没有你？致礼说有。那就是说：50 年前，我们曾经相逢不相识了。致礼说，她同振宁参观过吴冠中的画展，非常欣赏。振宁问我是不是认识吴冠中。我说是留法同学，近来我们还互相赠书，会过两次餐。我问振宁，能不能为我的《追忆逝水年华》英文本写篇序言。致礼说他太忙，振宁却说"我在睡觉前抽时间看看，给你写一篇好了"。照君说："你们下次再来北京，我们一定请你们和吴冠中夫妇便餐。"欲知三路人马如何会师，只好听下回分解了。

三、科学与艺术

　　科学是一中有多，艺术是多中见一。

　　　　　　　　　　　　　　　　——杜朗特《叔本华》

　　叶公超是第一个把艾略特介绍到中国来的学者。他的《散文集》220 页引用了艾略特的话说："一个人写诗，一定要表现文化的素质，如果只表现个人才气，结果一定很有限。"现在看来，《荒原》开始说："四月天最是残忍，它在荒地上生丁香，掺和着回忆和欲望。"这表现的是他个人的才气。他引用罗马诗人奥维德《变形记》等的文化典故，而且正典反用，这就是表现文化素质了。

赵萝蕤在 1946 年见过艾略特。她在《我与艾略特》中写道："7 月 9 日晚上艾略特请我在哈佛俱乐部晚餐，……他还为我带去的两本书签上他的名字，在扉页上他写了'为赵萝蕤签署，感谢她翻译了《荒原》'。他还给了我两张照片，并在上面签了名字。""在我们交谈之际，我十分留意察看这位学问十分渊博，诗艺又确实精湛的奇人。他高高瘦瘦的个子，腰背微驼，声音不是清亮而是相当低沉，神色不是安详而似乎稍稍有些紧张，好像前面还有什么不能预测的东西。那年他 58 岁。"

关于艾略特精湛的诗艺，赵萝蕤说："最触目的便是他的用典"，她觉得艾氏的引古据今和唐宋诗人用典不同。"宋人之假借别人佳句慧境与本诗混而为一，假借得好，几可乱真，因为在形式情绪上都已融为一体，辨不出借与未借"；而艾略特的用典，乃是"熔古今欧洲诸国自己精神与传统于一炉"，"处处逃避正面的说法而假借他人用他事来表现他个人的情感"。如借《安魂曲》的水手欢喜回家，和女打字员回家后的庸俗生活进行对比，表达他对凡夫俗子有欲无情的讽刺。

杨振宁也见过艾略特，他在《追忆逝水年华》英文序中说："许多年前，艾略特来参观普林斯顿高等学术研究所，有一天，在所长奥本海默家举行的招待会上，奥本海默对他说：'在物理方面，我们设法解释以前大家不理解的现象。在诗歌方面，你们设法描述大家早就理解的东西。'许在这本回忆录中写道：
'科学研究的是一加一等于二，艺术研究的是一加一等于三。'
不知道他的意思和奥本海默有无相通之处。"

我在《追忆逝水年华》中文本里说过："科学研究的是'真'，
艺术研究的是'美'；科学研究的是'有之必然，无之必不然'
之理，艺术研究的是'有之不必然，无之不必不然'之'艺'。"
在英文本中又说过："中国诗词往往意在言外，英诗却是言尽
意穷。"这就是说，中诗意大于言，英诗意等于言。如果言是
一加一，意是二，那言和意相等的公式就是 1+1=2。如果言还
是一加一，意却是三，那意就大于言了，所以公式是 1+1=3。"三"
其实就是大于"二"的意思。如"春蚕到死丝方尽"，如只表
示春蚕到死才不吐丝，那是 1+1=2；如还表示相思到死才罢，
那就是 1+1=3；如再表示写诗要写到死，那更是 1+1=4 了。

这和奥本海默的话有无相通之处呢？奥本海默说：科学家
设法解释以前大家不理解的现象。如 1957 年，杨振宁解释了宇
称不守恒定律；在 1957 年以前，这是大家不理解的现象；但到
1957 年以后，大家就理解了。理解就是言等于意：1+1=2。奥
本海默说：诗人设法描述大家早就理解的东西，如李商隐的"春
蚕到死丝方尽"如只理解为春蚕吐丝到死为止，那是大家都理
解的，言等于意：1+1=2；如更理解为相思到死，那就不是大家
都理解的意思，意大于言：1+1 > 2 或 1+1=3；如还理解为诗
人写诗不死不休，那更不是大家能理解的，意更大于言，所以
说 1+1=4 了。

　　杨振宁为我的《追忆逝水年华》写了英文序言，我先在《英语世界》上发表，题目是《旧雨重逢》。8月21日（1997年）他来北京，我把《英语世界》给他，还给了他一张西南联大教学大楼的照片，问他记不记得：一楼左手是陈福田教授讲《大一英文》A组的教室，对面是钱锺书教授的B组，隔壁是潘家洵教授的C组，陈省身教授讲数学也在那个教室。而3楼大教室则是朱自清、闻一多等教授给我们讲《大一国文》的地方。我还问他：1939年1月2日朱自清陪茅盾来大教室做报告，他听了没有？他记不清了，但对照片很感兴趣。

　　他这次来北京大学做《美与物理学》的报告，开始讲到1933年得诺贝尔物理奖的狄拉克，说他有一次在普林斯顿大学讲演，讲后有人站起来说："我有一个问题请回答：我不懂怎么可以从公式（2）推导出公式（5）来。"狄拉克没有回答。主持报告会的人说："狄拉克教授，请回答他的问题。"狄拉克说："他并没有提出问题，只说了一句话。"这个故事说明狄拉克逻辑性强，因为听众不懂公式只是一句话，不是问题，所以他不回答。杨振宁说狄拉克的风格直截了当，不含渣滓，犹如"秋水文章不染尘"。

　　他又讲到海森伯在1925年引导出了量子力学的发展，直接影响了核子发电、原子武器、激光、半导体元件等。他的风格和狄拉克的完全不同：朦胧，不清楚，有渣滓。他自己说："爬山的时候，你想爬某个山峰，但往往到处是雾……"杨振宁说："我想不到有什么成语可以描述海森伯有时似乎是茫然乱摸索的特点。"但是他说：狄拉克、海森伯方程的极度浓缩性和包罗万象的特点，也许可以用布莱克的不朽诗句来描述：

> 一粒沙中见世界，一朵花里见天堂。
> 一手掌握无限大，永恒不比片刻长。

而他们的巨大影响也许可以用蒲伯的名言来描述：

> 自然规律暗中藏，天命牛顿带来光。

那天晚上，陈校长在勺园设宴招待振宁，作陪的有我和几位副校长。沈克琦副校长拿出一份联大优秀生的名单来，物理系 42 届是杨振宁，43 届是沈克琦，生物系 43 届是陈德明（曾任北大生物系主任），数学系 42 届是廖山涛（曾得第三世界科学院数学奖），43 届是王浩（曾得数学里程碑奖，等于数学奖的最高奖），外文系 42 届是张苏生，43 届是林同珠。廖山涛和我大一时都住北院 22 号宿舍，说一口湖南话，很不好懂。有一次我发现了用 6 条直线画 20 个三角形的方法，要考考他，不料他却从理论上证明：只要不是 6 条平行线，都可以画出 20 个的。振宁却说：山涛在美国读博士学位时，说一口湖南英语，也不好懂，幸亏他的导师陈省身是中国人，答辩才能通过。我就谈到和陈省身教授打桥牌的事：有一次我叫 3 No-Trumps，他说：Double。我想他是数学教授，计算精确，就改叫 4 Hearts，不料他还是 Double，结果 Down One。但如果打 3 No Trumps，倒是可以打成的，可见我是在心理上打了败仗。

宴席之前，北大送来一个蛋糕，祝贺振宁 75 岁生日。振宁说他的生日有三个：第一个是阴历的；到美国后，他把阴历八月改成阳历 8 月，这是第二个；回国后一查，才知道阴历折合阳历，应该是 10 月 1 日。所以今天是假生日，只能算是虚度 75 个春秋了。

宴席开始时，因为我是振宁大学同班，就由我来致祝酒词。我说："振宁今天下午做了一个非常精彩的报告。狄拉克是科学的风格，海森伯是艺术的风格。振宁的报告沟通了科学和艺术，把真和美结合起来了。他说狄拉克的文章读起来有如'秋水文章不染尘'；我看海森伯摸索前进的风格却像'山在虚无缥缈间'。振宁用中国古诗和西方名诗来描述科学家，不但沟通了中西文化，而且把古代和现代结合起来了。他讲到海森伯开创的方向经过狄拉克等的努力，最后完成了量子力学的架构，使物理学进入新时代，使我们看到科学是如何通过实验来发展理论的。总而言之，他的报告把古今中外科学的真和艺术的美合而为一，为建立 21 世纪的世界文化奠下了一块基石。"

振宁回美国后，11 月 15 日早上起来时觉得胸口隐隐作痛，致礼要他去看医生，检查结果是有 3 条血管已经堵塞了 70%，需要立刻住院进行心脏搭桥手术。手术进行了六个小时，接改了 3 条血管。后来他在香港中文大学的秘书黄小姐来信告诉我，说他的身体康复得很好。

许渊冲和吴冠中、杨振宁合影

1999 年 5 月 22 日，振宁在纽约州立大学石溪分校退休了。
在荣休的宴会上，他致辞时引用了李商隐的诗句："夕阳无限好，
只是近黄昏"，并且译成英文：

The evening sun is infinitely grand，

Were it not that twilight is close at hand。

原诗每行 5 字，译成 5 个音步，不但内容准确，而且音韵
节奏优美，显示了狄拉克的科学风格。我的译文却更接近海森
伯的艺术风格：

The setting sun appears sublime，

But O，it's near its dying time！

他又引用了朱自清改作的诗句："但得夕阳无限好，何须惆怅近黄昏？"并且译成英文如下：

Given that the evening sun is so grand，

Why worry that twilight is close at hand？

Given 是几何学上常用的词，说明了这是科学家的诗。我也把译文作了相应的修改：

If the setting sun is sublime，

Why care about its dying time？

11 月 4 日我同照君去美术馆看吴冠中的画展，遇见了杨振宁、熊秉明，还有法国驻华大使等人。那时我的《中国古诗词三百首》法文本出版了，得到诺贝尔文学奖评委的好评，说是"伟大的中国传统文化的样本"，令人赞赏钦佩。我分别送了一套给吴冠中、熊秉明和法国大使，并问振宁要不要？他点点头，微微一笑，要了一套。可见他不但能用英文译诗，连法文诗也能欣赏。法国大使说我译的古诗"冲淡典雅"，我听说法国总统希拉克也喜欢中国诗词，就请大使转交一套，大使说总统收到后一定非常高兴。我就对照君说：今天真是夕阳无限好，何需惆怅近黄昏了，并且译成法文：

Ce soir le soleil couchant est si beau.

Ne vous souciez donc pas de son tombeau !

四、落叶归根

振宁 80 岁时，清华大学为他在香格里拉举行宴会，他在演说时引用了莎士比亚的话说：

人生就像一出七幕戏，其第七幕即最后一幕是："返回童年，

许渊冲夫妇欢迎杨振宁回国定居

返回茫然，无牙齿，无眼睛，无味觉，无一切。"

假如我的一生是一出戏，那么我实在十分幸运，今天我不但"有牙齿，有眼睛，有味觉，有几乎一切"。

我们几个联大同学参加了这次盛会，有梅校长的儿子祖彦，冯友兰的女儿宗璞，马约翰的儿子启伟，熊庆来的儿子秉明。振宁要秉明为他80周岁题词，熊写了几遍都不满意，熊夫人开玩笑说，不要写到90还没写好。不料第二年，秉明、祖彦、启伟、宗璞的丈夫、振宁的夫人都先后去世了。

今年（2003年）振宁落叶归根，定居清华，约了我和照君去他的新居。我看60年前的老人见面不易，就约他和几个老同学来北京大学午餐，由我代表文学院，王传纶代表法学院（他和振宁在联大时都喜欢张景昭，后来张成了王夫人，却不幸在"文革"中去世了），朱光亚代表理学院，王希季（卫星回收总设计师）代表工学院，沈克琦代表物理系，对他表示欢迎。他谈到我翻译的杜诗"无边落木萧萧下，不尽长江滚滚来"，说是如果拿到美国去讲，可以大受欢迎。我却说这两句诗对称，等于强相互作用下的宇称守恒；不对称的诗句如"夕阳无限好，只是近黄昏"却等于弱相互作用，所以不守恒。我就这样把他打破的宇称守恒定律和我的翻译理论，乱点鸳鸯谱似的结合起来了。他问照君，我得到灵感时，会不会突然叫起来。照君告诉他说，我有时半夜里坐起，打开电灯，把梦里想到的东西写下，生怕第二天忘记了。也许就是这样入迷，才能得到与众不同的妙句吧。

西南联大培养了一代把科学和艺术结合起来的人才。杨振宁认为，联大当时已经可以算是世界一流大学，因为他在物理系念的场论比他后来在美国一流大学念的场论还更高深；我在外文系念的课程，后来从《吴宓日记》中得知，和哈佛大学使用的教材教法也都一样。加上当时梅校长的名言：大学不是有大楼，而是有大师的学校。所以联大的大师云集，学风自由民主，全国学子精英闻风而来，于是穿的是"顶天立地""空前绝后"的鞋袜（头通底落），吃的是米砂混杂的八宝饭，结果却成了振兴中华的建国人才。原因之一，联大不是"官本位"，而是以人才为本位。这点也许可以供创建世界一流的大学参考。

报载 1988 年 75 位荣获诺贝尔奖的科学家在巴黎聚会，发表了一个声明说，21 世纪的人类如果要过和平幸福的生活，应该到 2500 年前的孔子那里去寻找智慧，因为孔子早就主张："大道之行也，天下为公，选贤与能，讲信修睦。"大道之行，就是礼乐之治；天下为公，就是社会主义；选贤与能，就是民主政治；讲信修睦，就是和平共处。如果我们能够与时俱进，吸取孔子思想的精华，排除糟粕，重义轻利，培养好人，那就可以对世界文化做出重要贡献。现代西方文化的缺点，正是见利忘义，以强凌弱，所以天下不得太平。最后，我要引用毛泽东《昆仑》中的词句作结：

而今我谓昆仑：不要这高，不要这多雪。

安得倚天抽宝剑，把汝裁为三截：

一截遗欧，一截赠美，一截还东国。

太平世界，环球同此凉热！

2004 年 6 月 20 日

　　我们几个老同学聚会时，都有夫人陪同，只有振宁一个人孤零零的。大家觉得像他这样有成就的科学家，应该算是没有年龄的人，最好能够续弦，才好安度晚年。果然，不久得到他的电话，说有个年轻人要研究我的翻译理论，但是我没想到，这个年轻人竟是他的新夫人翁帆。得到喜讯之后，照君立刻给他打电话表示祝贺，开谈到法国大作家雨果和大画家毕加索八十多岁还和十八岁的少女相恋的事，振宁说他和毕加索不一样，毕加索是多次离婚又多次结婚的。他又谈到美国有个八十几岁的诗人娶了二十几岁的女学生，过上了幸福的晚年生活。振宁打算婚后扬帆远航去度蜜月。我就送了他们一首诗，中文英文分别是：

振宁不老松，

扬帆为小翁。

岁寒情更热，

花好驻春风。

The ageless won't grow old.

（没有年龄的人不会变老）

You sail with your young bride.

（你和你的新人扬帆远航）

Love will warm winter cold.

（爱情会使寒冬温暖美好）

With you spring will abide.

（青春永远伴随新郎新娘）

五、新世纪的曙光

2005 年 2 月，杨振宁和翁帆从三亚度蜜月后回到北京，邀请我和照君到王府井全聚德烤鸭店餐叙，应邀赴宴的还有清华大学物理系主任等两对夫妇，海淀电视台闻讯来到现场，拍了实况，制成光盘，送了振宁夫妇和我各一套。南京大学外国语学院研究生陈寒和翁帆一样，她们的学位论文都是研究我的文学翻译理论的。看了光盘之后，陈寒写了一篇报道，寄给《山西文学》发表，因为山西刊登了我祝贺振宁和翁帆新婚的中文诗和英文诗。

早在我的《诗书人生》出版时，《山西文学》主编韩石山就在上海《文汇报》上发表了一篇评论《许渊冲的自负》。因为我在《诗书人生》中说：1957 年杨振宁得到诺贝尔物理奖前后，我出版了中英、中法互译的世界文学名著，直到今天，全世界还没有第二个人出版过中国诗词英法文的韵译本，连诺贝尔奖的文学评委也说是"伟大的中国文化的样本"（见海外版《人民日报》），所以我认为可以算是外文界的诺贝尔奖。韩石山却说我是"自负"，我写了一篇反批评《是自负还是自信？》，说杨振宁认为他最大的贡献不是得诺贝尔奖，而是帮助中国人恢复自信。我说诺贝尔文学奖一年一个，而唐诗宋词却流传了千秋百代，译成英法两种韵文难道不能得外文界的诺贝尔奖？这到底是自负还是自信？不料反批评寄去《文汇报》却不予发表。我觉得这是中国媒体最不民主的表现，就直接寄去《山西文学》，结果韩石山却立刻刊用，并且欢迎我再投稿。我就把祝贺振宁和翁帆新婚的诗寄去，并且介绍陈寒投稿了。

陈寒是我见到过的外语界第三代的才女，她一岁半就能背诵唐诗，在南京大学的毕业论文得到了江苏省优秀论文一等奖。论文主题是"优势竞赛论"。她认为"竞赛论"在指导文学翻译的过程中，与其他各家译论"竞赛"，优势明显。她举李白《送友人》中的法译文为例：

青山横北郭，Au nord ondoient les verts coteaux:

白水绕东城。A l' est serpente un blanc ruisseau.

浮云游子意，Il part en nuage flottant;

落日故人情。Je descends avec le couchant.

她在论文中说："李白起笔用了一个'横'字，这是形容词的动词用法，'诗仙'飘逸的风格跃然纸上，译成法语却不容易。无论是'traverser'还是'se dresser haut'，都诗意尽丧，破坏了整体美感。此处若直译，呆板是不可免的。另外，原诗对仗工整，'横'与'绕'两字相对，动感很强；欲传神，必定非'另

起炉灶'不可了。许渊冲在法语中选择了'ondoyer'（波浪起伏）
与'serpenter'（蜿蜒曲折）两个词，不但把山形与水势勾勒了
出来，而且使山与水都灵动地'活'了起来，达到了汉语中'画
龙点睛'的效果。"关于"浮云"一联，她说译者："敢于和
诗人竞赛，试图在新的语言环境中更好地重构诗人所创造的意
境。诗人让'浮云''落日'成为'游子'与'故人'的所见，
让离别之人触景生情，感慨万千；而译者似乎更高一筹，将'他'
与'我'的情感外化成为与'浮云''落日'相仿的动作（partir
与flotter，descendre与coucher），同时构成读者的所见，让读
者见景生情，从而与作者产生共鸣。译诗由内化外，再由外化内，
'意美'达到与'音美''形美'的浑成效果，在译诗中实属
难得！这是否可以看成译者胜过诗人的范例呢？……竞赛的结
果是'双赢'！难怪钱锺书感叹道：太白'与君苟并世，必莫
逆于心矣。'"

　　陈寒在给我的信中说："我的这篇论文以'优势竞赛论'
为中心，答辩时遇到了考官的一些有趣的问题，（整个答辩是
用法语进行的，以下译为中文）：

　　"1. 你认为许渊冲的'优势竞赛论'是怎样发挥译者主体
性的？答：以史为鉴，可以知得失。从传统译论看，中国讲求
一个'信'字，西方追寻一个'等'字。两方面各有优劣，若
论得失，一言难尽，但许渊冲的译论跳出了狭义的'忠'与'叛'
这一对矛盾，为信而信，为等而等，只能得'形'忘'意'，
捉襟见肘，两败俱伤，工于技巧而损害神韵。面对两难局面，

译者既然不能'忍气求和'，就必须迎难而上，发挥译入语优势，八仙过海，开展竞赛。'优势竞赛论'能使译者'敢为天下先'，对翻译实践'知之，好之，乐之'，许渊冲成功的法译唐诗即为证明。

"2. 你是否认为许的译论离翻译的正确道路相去太远？答：那么在您看来，哪一条是翻译的正确道路呢？从目前来看，不要论世界，就拿中国来说，也没有哪位译家敢称自己的译论是颠扑不破的真理。翻译的标准何以久攻不克？我认为是由翻译的本质决定的。翻译需要科学来研究、解释，但它首先是一门高难度的'融化再创'的艺术。艺术从来只有优劣之分，而无对错之说。许先生倡导翻译实践要遵循'优势竞赛论'，我再更进一步说，翻译理论界是不是也应该开展'优势竞赛'呢？是好的理论，就不要怕比，就要敢于拿出来，接受'实践'与'时间'的双重检验。

"答辩结束后，许钧教授对我说：'表现得很出色！我一直敬重许渊冲先生，但学术观点与他相异，这次看了你的论文，有些地方居然被说服了。'"

我读了陈寒的论文和来信，觉得她"内化""外化"之说，欣赏能力很高，创新意识很强，论文除个别地方可能过誉之外，可以说是一篇达到国际水平的译论。今年在《中国翻译》上读到一篇诺贝尔文学奖评委的翻译论文，比起陈寒的译论来，可以说是相去甚远。所以我同意杨振宁的话，要恢复中国人的自信心，要敢于为天下先，敢于承认中国翻译，无论理论还是实践，都是"世界之最"（季羡林语），也就是说，胜过了西方的翻译理论，出版了西方还没有一个人能翻译成英法韵文的中国古典诗词。许钧教授能够被学生说服，说明他有学者风度，承认学术面前人人平等，老师不必"贤于弟子"，这样发展下去，第三代一定可以接好前人的班，使中国翻译走在世界的最前列。

2005 年夏天，翁帆去广东外语外贸大学参加论文答辩回来，振宁打电话告诉我，说论文顺利通过，成绩优秀。我就约他们俩来黎昌君苑晚餐，还邀了我在北京大学的几个学生（现在都是教授）作陪。翁帆带来了她的论文，题目是研究我的"再创论"，论文是用英文写的，这里只好用中文来说明。翁帆引用了我英译的汉乐府《北方有佳人》："北方有佳人，绝世而独立。一顾倾人城，再顾倾人国。宁不知倾国与倾城？佳人难再得！"英译文如下：

There is a beauty in the northern lands;

Unequaled, high above the world she stands.

At her first glance, soldiers would lose their town;

At her second, a monarch would his crown.

How could the soldiers and monarch neglect their duty?

For town and crown are overshadowed by her beauty.

翁帆在论文中说：原诗第一联很平常，只是说北方有一个美人。第二联却没有描写这个美人看起来如何美丽，而是用了"倾国倾城"4 个字来指出她的美貌产生的强烈影响。这 4 个字成了中文的成语，描写一个美人不可抗拒的魅力。从字面上看来，倾国倾城是说美丽得足以使士兵放弃他们所守的城池，使国王放弃他的王国。这 4 个字非常精练，很难译成外文而不失去原文的美学价值。但是许用创译法把"倾城"译为"to lose one's town"（失守城池），把"倾国"译成"to lose one's crown"（失去王冠），而"town，crown"还押了韵，可以说是一石双鸟。最后一联的译文具有更大的创造性，还原成中文是：士兵和国王怎么会玩忽职守呢？因为美人使城池和王冠都相形失色了。这个译文结果就不忠实于原文的意思了。所以"形似派"认为这是失败。但从总体的精神和美学价值看来，这个译文却是成功的。

读了翁帆的论文，我觉得她的中心思想是：从微观上看来，创译似乎不够忠实；但从宏观来看，创译却是传情达意的。参加答辩的老师们在《论文评语》最后一段中说："像作者（指翁帆）所指出的，一些著名的译者学者，如陆（谷孙），王（佐良），江（枫）都曾对许的'理论'提出过质疑，这是否意味着：许的'理论'确实存在一些问题？而本篇颇有些为许一辩味道的论文，是否对这些问题有回护或回避？"从《评语》看来，老师们认为许的"理论"是有问题的，就和参加陈寒论文答辩的老师们一样，由此也可以看出今天大学外国语学院教师的学术水平。但是南京大学的教授们在答辩后，承认老师不一定比学生高明，广外的老师却对许的"理论"加上引号，表示他并不承认的意思。这是一个关系到中国翻译是否"世界之最"的大是大非问题，我不知道翁帆有没有回答，现在她同振宁到美国去了。只好由我代为回答如后。

陆谷孙对我的质疑发表在《中国翻译》上，他反对"优势论"和"竞赛论"，提出了"紧身衣"的说法，并举例说：精明而不聪敏（原文记不准确）可以译成"penny-wise and pound-foolish"（小事精明而大事糊涂）。我却觉得这个译例并不能说是原文的"紧身衣"，反倒是发挥了英文的优势，在和原文竞赛，正说明了优势论和竞赛论是正确的。陆谷孙的理论不能联系实际，说明他的质疑并无道理。他的译例从微观上看并不形似，而从宏观上看反倒神似，符合翁帆总结的"创译论"的思想，所以翁帆并没有回避什么。问题倒是出在《中国翻译》的编辑身上，因为他们发表了陆谷孙的批评，却不发表我的反批评，这就使广外的老师分不清是非了。由此可见媒体对学术发展的重要性。《中国翻译》对于中国文学翻译理论的发展，由于缺乏学术民主，可以说是起了障碍的作用。后来我在大连和陆谷孙会面，谈到他的实践恰恰证明了我的理论正确，他并没有提出异议。

王佐良和我的论战也发表在《中国翻译》上，他在文章中盛赞瓦雷里《风灵》的译文："无影也无踪，换内衣露胸，两件一刹那。"我认为瓦雷里是把灵感比作美人换内衣露出酥胸的一刹那，译成"两件一刹那"并不达意，就在《世界文学》上发表批评，说不如译成"无影也无踪，更衣一刹那，隐约见酥胸"。王佐良又在《中国翻译》上发表反批评，说我译成"酥胸"是鸳鸯蝴蝶派。什么是鸳鸯蝴蝶派？从内容上说，大约是卿卿我我；从形式上说，大约是对对双双。而瓦雷里恰恰说过："对称是人类高度文明的表现。"可见瓦雷里并不反对我的译文。不料我的文章寄去《中国翻译》，他们又不发表。我只好改寄上海《外国语》刊登。由此可以再度看出《中国翻译》编辑部多么缺乏学术民主，对中国翻译界展开的批评反批评，起了多大的障碍作用。王佐良去世前在清华大学参加吴宓先生百周年纪念会，我们见了最后一面，那时我的《诗经》英文本刚刚出版，送了清华大学一本。他对我说：希望我不要再批评他了。可见他并不坚持错误。他盛赞过的"两件一刹那"，正是翁帆说的：在微观上形似而在宏观上不神似的典型，而他批评过的"隐约露酥胸"却正是微观上不形似而在宏观上神似的例子。

江枫和我的论战最初也发表在《中国翻译》上，他的文章《形似而后神似》认为翻译如不形似，就不可能神似。我却指出他只看到形似和神似的统一，而没看到二者之间的矛盾，而在文学翻译中，形似和神似的矛盾多于统一。我并举他译的雪莱《哀歌》为例，形似的译文并不神似，而且 10 行诗中，译文犯了 10 个错误。我的评论《中国翻译》又不刊登，只好发表在《外语与翻译》上。现将雪莱《哀歌》中的一行原文和江枫的译文抄在下面：

Fresh spring and summer，and winter hoar.

春夏的鲜艳，冬的苍白。

江译可以算是形似的了，但是不是神似呢？那就需要分析。首先，雪莱为什么说春夏和冬，而不说秋呢？一查雪莱原稿。的确有个"autumn"（秋），但是又画掉了。为什么要画掉呢？因为这行诗是五音步抑扬格的，加上一个"autumn"就多了一个音节，不符合格律了，所以雪莱在"夏"之后空了一个字。不料雪莱不幸在海上淹死，他的妹妹整理遗稿，没有把"秋"字补进去，所以译者都将错就错，译成"春夏冬"了，其实这是形似而不神似的。我认为英文还有一个表达秋天的词汇"fall"，而且只有一个音节，正好符合格律。如果雪莱想到了这个词，一定会用上的。不料江枫在香港的《诗网络》上提出批评，标题是《雪莱写诗，会用美国英语？》他认为"fall"是美国英文。但《牛津高级辞典》上已经注明："fall"当秋天讲，"现在主要用于美国"，而雪莱并不是现代人，19世纪诗人华兹华斯诗中就有"from spring to fall"（从春到秋），可以证明。江枫不会查字典，难道《诗网络》的编者也不会？不然，怎么会发表江枫这种错误的文章？结果广外的老师就根据江枫的错误来评翁帆的论文。幸亏翁帆这一代人没有受到"文革"的错误影响，能够分辨是非，青胜于蓝。我在她和陈寒身上，看到了新世纪的新希望。

翁帆和陈寒的鉴赏力很高。如果外文表达力也一样强，那就可以使中国的翻译维持世界一流的水平。《傅雷论艺札记》

（见《文汇读书周报》第 820 期）中说："艺术特别需要创造才能，不高不低，不上不下之艺术家，非特与集体无益，个人亦易书空咄咄，苦恼终身。""艺术乃感情与理智之高度结合，对事物必有敏锐之感觉与反应，具备了这种条件，方能有鉴赏；至若创造，则尚须有深湛的基本功，独到的表达力。"从翁帆和陈寒的论文看来，她们的感觉与反应都很敏锐。如何提高外文表达力呢？

最近在香港报上看到杨振宁和翁帆新婚的喜讯时，还看到一个故事说：北宋词人张先在 80 岁时娶了 18 岁少女为妾，其友苏轼等去拜访他，问这位老前辈得此美眷做何感想，张先随口说：

> 我年八十卿十八，
> 卿是红颜我白发。
> 与卿颠倒本同庚，
> 只隔中间一花甲。

幽默的苏东坡当即和了一首诗：

> 十八新娘八十郎，
> 苍苍白发对红妆。
> 鸳鸯被里成双夜，
> 一树梨花压海棠。

我就把这两首诗译成英法韵文，给翁帆和陈寒看看，说明"八十"和"十八"这种中文所有，外文所无的颠倒关系，如何处理。

Zhang Xian：For My Young Bride

I'm eighty years old while you're eighteen；

I have white hair while you're a fairy green.

You and I are the same age，it appears，

If you ignore between us sixty years.

Su Shi：For the Newly—Weds

The bridegroom is eighty and eighteen the bride；

White hair and rosy face vie side by side.

The pair of love—birds lie in bed at night，

Crab—apple overshadowed by pear white.

ZhangXian：Pour Ma Maitresse

J'ai quatre—vingts ans；tu en as dix—huit.

J'ai les cheveux blancs et ta beauté luit.

Mais je serais aussi jeune que toi，

Si soixante ans ne nous sé paraient pas.

Su Shi：Pour le Nouveau—Marié

Tu as quatre—vingts ans et elle en a dix—huit；

Tes cheveux blancs font ressortir son beau visage.

Quand deux oiseaux s'accouplent au lit à la nuit，

Le poirier fleuri donne au pommier bel ombrage.

　　我先把这两首诗的原文给了翁帆和陈寒，要她们自己译成英文或法文，然后再对照我的译文，加以修改，这样也许可以得到"长江后浪推前浪"的效果吧。

　　我在翁帆和陈寒的论文中似乎看到了"中国世纪"的曙光。美国《新闻周刊》4 月份有一期的封面上写着：21 世纪是中国世纪。我想，中国世纪不只是包括经济方面的崛起，还应该包括科技的发展和文化的复兴。文学翻译理论的建立正是中国文化在全世界崛起的先声。如果说杨振宁和李政道是 20 世纪中国科学走向世界的开路人，那在翁帆和陈寒这一代人身上，我就看到了"中国文化世纪"的曙光。

怀念萧乾先生

萧乾

　　60 年前，我第一次见到萧乾先生的时间是 1939 年 5 月 28 日，地点是昆明西南联合大学东楼二层的一个教室。那时，萧乾从滇缅公路回来采访，经过昆明到香港去。他的小说《梦之谷》刚出版，联大高原文艺社得到消息，立刻请他来做报告，他只同意开个座谈会。谈到创作和模仿的关系，我记下了他的一句名言："用典好比擦火柴，一擦冒光，再擦就不亮了。"谈到理论和实践的关系，他说："理论充其量只不过是张地图，它代替不了旅行。我嘛，我要采访人生。"

　　那时，他只有 29 岁，已经在"梦之谷"里，滇缅路上，对人生进行过采访。我呢，我才 18 岁，还在学画地图。但他这两句话，给了我很大的启发。后来我画地图，总要问问是不是可以用于旅行；学习理论，总要看看能不能用于实践。尤其是关于翻译的理论，对于那些只会制造新名词，用新瓶子装旧酒，说起来叫人听不懂，译起来叫人啃不动的理论家，我只敬而远之。像萧乾采访人生一样，我也采访了前人的文学译著，取其精华，去其糟粕，结合自己的翻译实践，提出了解决中英、中法互译问题的理论。即使是典故和成语的问题，我也不肯只按地

萧乾和许渊冲在北京饭店

图走路，而是脚踏实地，看看成语是不是也像火柴一样，一擦冒光，再擦不亮？如果成语运用得当，就像打火机一样，不管再擦三擦，都会冒出火光，那我就按萧乾这位"未带地图的旅人"给我指出的道路走。因为他说得对："地图不能代替旅行，然而在人生这段旅程中，还是有一张地图的好。"不过，在我看来，如果地图不符合实际的地形，那么，应该修改的不是地形，而是地图。

萧乾在《珍珠米·答辞》（1948）中说："创作家是对人间纸张最不吝啬的消费者，而诗人恰是这些消费者中间顶慷慨的。像一位阔佬，除去住宅他还要占一个宽大空白的花园，这自然会引人妒忌。但是许多场合，这位主人是应享有那片空白的，因为他的内容毕竟来得更精密深湛，使读者首肯那空白不是浪费。在那上面，诗人留下了无色的画，无声的音乐。然而倘若一首诗连着排下去用分行隔开，在意象、气韵上并没有什么差别时，霸占一座花园别人哪肯服气！"又说："每逢看到那种除了分行和押韵之外，在辞藻意境上同散文没什么区别的诗时，我就益发难以容忍。"

这些真知灼见在我心中引起了强烈的共鸣。后来我把中国诗词译成英文、法文，都要问自己：译文中是否看得见无色的画，听得见无声的音乐？例如我译《诗经·采薇》中的名句："昔我往矣，杨柳依依。今我来思，雨雪霏霏。"看到前人把"依依"译成"softly sway"（微微摇摆），把"霏霏"译成"fly"（飞扬），总觉得"在辞藻意境上同散文没什么区别"。所以自己动手的时候，就把"依依"理解为依依不舍地流下了眼泪，恰好"垂柳"的英文是"weeping willow"，法文是"saule pieureur"，都有流泪的意思，我就把"依依"英译为"shed tear"，法泽为"en pleurs"。至于"霏霏"，我的英译全句是"Snow bends the bough"（大雪压弯了树枝），来象征给战争压弯了腰肢的士兵；法译却利用岑参"千树万树梨花开"吟雪的名句，译成"La neige en fleurs"。这样，译文可以使人看到士兵战后回家的形象，听到无声的音乐。我这种再创的译文得到了一些好评，也受到了一些责难，主要是说我不忠实于原文。我却认为忠实并不等于形似，更重要的是神似。1988 年《英语世界》社举办的一次招待会上，我和萧乾面谈过译诗的问题，他说我的成绩很大，没有浪费那些"空白"，这给了我很大的鼓舞。

　　1994 年 7 月，台湾太平洋文化基金会举办了一次"外国文学中译学术研讨会"，邀请萧乾和我参加。我们都只作了书面发言，萧乾的发言题是《文学翻译琐谈》，我的题目是《文学翻译何去何从？》。萧乾在《琐谈》中说："我有时用温度来区别翻译。最冷的莫如契约性质的文字，……文学翻译则是热的，而译诗是热度尤其高的。这里的'热'指的当然是情感。科技翻译只能——也只准许照字面译，而文学翻译倘若限于字面，那就非砸锅不可。我认为衡量文学翻译的标准首先是看对原作在感情（而不是在字面）上忠不忠实，能不能把字里行间的（例如语气）译出来。""一个译者（指的当然是好译者）拿起笔来也只能揣摩原作的艺术意图，在脑中构想出原作的形象和意境，经过'再创作'，然后用另一种文字来表达。"萧乾的发言形象生动，我在发言中更用具体的事例来和萧乾的理论相印证。例如王之涣的名句："欲穷千里目，更上一层楼"，有人认为"千里"一定要译成九百九十九加一里，才算忠实，这就是不知道翻译的冷热。如果是科技翻译，一千自然不能译成九百九；但是文学翻译，这首诗《登鹳雀楼》的前两句是："白日依山尽，黄河入海流"，而太阳距离鹳雀楼只有一千里吗？更上一层楼，看得见千里外的黄河入海处吗？所以如果译成"a thousand Li"，在字面上是忠实的，但并不忠实于原诗的内容；如果译出了诗人登高望远的心情，字面上也许不忠实，却译出了原作的艺术意图，反倒是表达了原诗的意境。有人又要说：登高望远不是散文吗？不错，但原诗"欲穷千里目"（望远）和"更上一层楼"（登高）对仗工整，"楼"字又和"流"字押韵，可以使人看到无形的画，听到无声的音乐，所以"登高"可以英译成"a greater height"，"望远"可以译成"a grander sight"，这样，译文既有双声，又有叠韵，还有对仗，就可以传达原诗人的感情了。

我和萧乾只见过三次面，第一次在理论和实践的问题上，第二次在散文和诗的问题上，第三次在翻译的问题上，他都给了我很多启发。现在萧乾离开了我们，但他播下的种子已经开出了鲜艳的花朵，结出了丰硕的果实。

胡适《四十自述》读后

如果国家变成主体，个人沦为唯命是从的工具，那么一切高尚的价值就都会丧失。

——《爱因斯坦语录》

胡适比我年长 30 岁，我们是两代人。读了他的《四十自述》，发现两代知识分子的生活经历大同小异。他小时候读的书从《薛仁贵征东》到《红楼梦》，和我这一代人差不多；他还读了《诗经》，我们这一代人就要到大学才读了；到了再下一代，情况大不相同，这些书多半不再读，读的多是革命故事，如雷锋等。这就是说，我们之间有了代沟，比上一代的代沟更深了。

《四十自述》中说："我常常用竹纸蒙在小说书的石印绘像上，摹画书上的英雄美人。有一天，被先生看见了，挨了一顿大骂，抽屉里的图画都被搜出撕毁了。"我小时候也喜欢画英雄人物，并且用香烟画片上的英雄和别人的画片打仗玩，看谁的英雄本事更大。不料有一次弄假成真，把别的孩子打伤了，气得我的父亲

把我打了一顿，并且把我的香烟画片烧掉。有一个小女孩喜欢
我的画，把她自己的画片送我，还在萤火闪烁的夜里送我回家。
后来我听到她不幸得病死了，就写了一首小诗作为纪念：

那年我才八岁，挨了一顿痛打，

痛在我身上，泪却从她眼里流下。

夜里我们回家，萤火出没草丛。

今夜萤光四洒，她已长眠墓中。

At the age of eight years

Beaten, I gave no cries,

Though I felt pain, but tears

Streamed from her downcast eyes.

On our way back at night

We tried to catch fireflies.

In their flickering light

Now underground she lies.

胡适谈到他的母亲时说："我母亲管束我最严，她是慈母
兼任严父。但她从来不在别人面前骂我一句，打我一下。"又说：
"我渐渐明白，世间最可厌恶的事莫如一张生气的脸。"胡适
3 岁的时候，他父亲就去世了，所以母亲身兼二职。我也是 3 岁
的时候母亲去世，但父亲续了弦。父亲打我骂我，不管面前有

没有人，甚至不管我是对是错。记得我在小学一年级时，有个同学欺负我小，用手指甲抓破了我的脸。父亲见了不问情由，反而打了我一顿，说只要是打架，双方都有错误，对我严格得不近情理，但是我也不敢反抗。后来我的独生儿子读小学一年级时，正碰上"文化大革命"，我在挨批挨斗，劳动改造。小学里有人烧了一本毛主席著作，因为他是臭老九的儿子，就说一定是他烧的，并且挂牌批斗。我一见也不分青红皂白，就骂了他一顿，打了他两下。不料他这一代是造反的时代，儿子要造老子的反，他就和知识分子家庭划清界限，发誓不接知识分子的班。于是父子之间的代沟越来越深，甚至他去了国外，也不愿再回家了。回想起来，只怪自己不该在别人面前打他骂他，现在已经来不及了。

胡适明白生气的脸令人厌恶，所以总是春风得意，满面笑容。我却觉得半生受压，很难强作欢笑。在外语院校时，看到一些不学无术的人高高在上，名利双收，而自己教学虽然受到学生欢迎，著译作品不断发表，但生活待遇却远远落在人后，不免大发牢骚，结果又要受到批判。只好"躲进小楼成一统"，翻译古今中外的名家名著，在象牙塔中自得其乐了。

《四十自述》第二章中说："我母亲盼望我读书成名，所以常常叮嘱我每天要拜孔夫子。"我的父亲也盼望我们读书成名，所以家庭经济虽然并不宽裕，却把我和哥哥弟弟都送进学堂。我只在开学那一天拜过孔夫子，后来就每星期只拜一次孙中山了。这标志着中国政府从礼治到吏治的转折点。不过孔夫子也好，孙中山也好，都是主张"大道之行，天下为公，选贤与能，讲信修睦"的。现在看来，"大道"可以指资本主义道路，也可以指社会主义道路，但目标应该是天下为公，世界大同。如果为了一个国家的利益，可以损害全世界的公益，那能算是什么民主呢？民主应该是选贤人和能人来治理国家，为全人类谋求福利。一个国家应该言而有信，签了条约应该执行；应该和其他国家和睦相处，和平共处，这才能算是个幸福的大同世界。早在 2500 年前，孔夫子就已经想到。无怪乎荣获诺贝尔奖的科学家在巴黎宣言中说：要到孔夫子那里去寻找智慧了。

第三章中说："我的考试成绩常常在第一，故一年升了四班。"又说："因为考试的成绩都有很详细的纪录，故每个学生的能力都容易知道。"这样把考试成绩和学生能力等同起来的看法，对我早年的影响很大。我不知道：对胡适之和杨振宁这种天才学生说来，高分和高能是统一的；但对一般学生而言，高分并不等于高能。例如我的同学万兆凤，小学毕业会考全省第二，初中毕业会考全省第四，高中毕业会考又保送入西南联大。而我的考试成绩只是中等。我那时把高分看成高能，认为我是不可能达到他那种高水平的。不料到联大外文系后，我的成绩居然超过了他。这时我才明白：小学中学是打基础的阶段，什么知识都要有一点（know something about everything），知道得越多越好，分数也就越高。到了大学是学专业的阶段，对专业的知识越多越好（know everything about something），不但要知，而且还要能用，用得越熟练越好。我在中学数理化的水平都远远在他之下，即使文科分数也不如他高，所以成绩悬殊。但入大学之后，我学俄文，成绩居然胜过学了十年俄语的东北同学；我学法文，班上有全校总分最高的林同珠，但成绩不如我。这就增强了我学好外文的信心，所以后来成了诗译英法唯一人了。

胡适在第四章中谈到他读书的中国公学时说："中国公学创办的时候，同学都是创办人，职员都是同学中举出来的，所以没有职员和学生的界限。当初创办的人都有革命思想，想在这学校里试行一种民主政治的制度。"又说："大家都认为我将来可以做学问，他们要爱护我，所以不劝我参加革命的事。"

这使我想起了联大同学在昆明创办的天祥中学。第一任校长邓衍林是联大教育系的研究生，第一任教务主任熊德基是史地系的第一名学生，又是联大地下党的领导人（后为中国社会科学院历史研究所副所长）。他们两人是多年的老朋友，老同学，合作得非常好，体现了联大"学术自由，兼容并包"的作风。胡适说过：一个领导人"要努力做到'三无'，就是要'无智，无能，无为'。'无智，故能使众智也；无能，故能使众能也；无为，故能使众为也'"。邓衍林无为而治，打破了校长和老师的界限，校长和老师都是同学，没有什么上下级的关系。白猫黑猫，只要能抓老鼠就是好猫。所以老师觉得各得其所，可以各尽所能，发挥所长。后来天祥老师之中，出了6个院士，真可以算是天下第一中学了。

6个院士之中，两个数学，一个物理，两个化学，一个地理。数学老师王浩说话声音太低，学生听不清楚，1983年他得了"数

天祥中学师生合影

学定理机械证明里程碑奖"，成了美国科学院院士。严志达思路太快，学生跟不上，有一次天祥教室的楼板塌了，他摔下来，大难不死，成了法国国家博士，后又当选中国院士。物理老师朱光亚善于计算，桥牌打得很好，学生赛跑，他计时也比别的老师精确，后来当选中国科协主席、工程院院长，还是"两弹一星"功臣。化学院士申泮文为人豪爽，参加了天祥教师篮球队；朱亚杰是我国第一个人造石油专业负责人，参加过天祥教师的郊游和舞会。地质院士池际尚为我国寻找金刚石矿做出了重要贡献，她代替丈夫李璞在天祥教过地理。所以天祥教师之中，算起来有 6 个院士。

在中学生眼里看来，这六位院士中，朱光亚和申泮文讲课最受欢迎，王浩和严志达超过了学生理解的水平，朱亚杰和池际尚则没有听到学生的反映。刚才谈到学生的分数不一定等于他们的能力，至于老师，则教学水平也不能代表科研水平。但是当时天祥中学物质条件很差，教师中却出了 6 个院士，可见学术自由、民主治校的作风，能起多么大的作用。今天学校的物质条件比当年不知道要好多少倍，但不要说中学，就是普通大学，要出六个院士也不容易。为什么呢？

《文汇读书周报》第 851 号发表了一篇《功以才成，业由才广》，文中说道："在中国从事研究与发展的科学家，粗略估计只有 50 万名，美国和日本则分别有 100 万和 80 万名。""近年来，我国有 30 多万留学生被吸引到了发达国家。""令我们担忧的是'官本位'思想。……正教授只相当于副局级或正处级，副教授只相当于正处或副处级。……以'官本位'的这些做法，是很伤尖子人才的心的。"又说："'得才者兴，失才者亡；'古今中外，概莫能外。但人人明白的真理，一遇到'官本位'的既得利益，就只好让真理挂在嘴巴上了。"我看这篇文章也说明了为什么今天的学校不容易出院士的原因。

除了官本位外，人才难出还有一个原因，那就是政治活动太多。胡适之说：他在中学时代要做学问，大家都不劝他参加革命活动，所以才有后来的成就；而我自 1950 年从欧洲回国后，政治运动不断：1951 年的土改运动；1952 年的三反运动，后来转为知识分子改造思想，批判武训、胡适、胡风，1955 年又转成肃反运动；1957 年的"反右"；1958 年的"大跃进"；1959 年的"反右倾"，正是：一三五七九，运动年年有。这么多的运动，对我的思想起了什么作用呢？

现在看来，50 年代的思想改造运动，对我并没有多少促进的作用，反而使我的思想落后于时代，使我几乎丧失了独立思考的能力，以为领导和群众总是对的，自己正确的思想也不敢坚持，反倒学会了言不由衷，发表违心的言论，说些唯唯诺诺的假话。就以个人英雄主义而论，也应该实事求是。

毛泽东说过："骄傲使人落后，虚心使人进步。"骄傲是指自高自大，如果身高一米八，却说身高二米，那是自高自大；如果身高二米，说自己二米高，那是名副其实，不能算是自高自大，不能说是骄傲。那时我出版了中英中法互译的文学作品，这是事实，大家却说我是个人英雄主义，是自高自大，那就未免文不对题，张冠李戴。但是我并不敢坚持自己的看法，反而随波逐流，承认自己有个人英雄主义，这就不能算是虚心使人进步了。其实在那个年代，谁又敢坚持独立的见解呢？文法科的教授学者没有一个不挨批的，尤其是到了"文化大革命"期间，连老舍那样唯党之命是听的作家，像傅雷那样要求进步的文学翻译家，都被逼得或者投湖自杀，或者服毒自尽。幸亏我那时名声不大，也没有他们那么进步，所以觉得挨整理所当然，没有他们的委屈感，结果才能苟全性命于乱世。真是不幸中的大幸了。

有人比较中美文化，说美国人的特点是自信，中国人的特点是谦虚。这话有一定的道理。如英文的"我"字（"I"）要大写，表示相信我高于人；中文里的"我"字却可以省略，如《诗经·击鼓》中的"与子成说，执子之手，与子偕老"，每句前都省略了一个"我"字，表示自己微不足道。又如美国人选举时，候选人一般投自己一票，表示自信；中国候选人从前一般投票选别人，表示谦虚。但是美国人的骄傲自信并没有使美国落后，反而使它在经济上、军事上、科技上，都成了世界上最先进的国家；而中国人凡事不敢为天下先，认为月亮也是美国的圆，这种自卑心理反倒造成了国家的落后。杨振宁说：他最大的贡献是帮助中国人克服了自己不如人的心理，我也要克服中国人在文化上的自卑感。所以根据我 50 年来成功的经验和失败的教训，把毛泽东那句话改成：自豪使人进步，自卑使人落后。

卞之琳

无影也无踪，更衣一刹那，隐约见酥胸。

——瓦雷里《灵感》

卞之琳是本世纪著名的诗人、学者、翻译家，他的诗和同代人何其芳的散文、曹禺的戏剧、钱锺书的小说齐名。今年（2000 年）12 月 8 日是他 90 华诞，不料却在 12 月 2 日谢世。中国社会科学院外国文学研究所为他召开了追思会和学术研讨会。

卞先生 40 年代开始在昆明西南联大外文系任教，他当时的学生来参加追思会的有三人：那就是《九叶集》诗人杜运燮和袁可嘉，还有一个是我。我们三个人分别继承和发展了卞先生作为诗人、学者和翻译家的事业。袁可嘉和卞先生在社科院外文所工作几十年，他对现代派诗歌的研究深受卞先生的影响，而我把古典诗词译成英文法文，也是在卞先生启发下开始的。

袁可嘉的学弟余光中和瑞典文学院院士马悦然在台湾谈话时说："不只是音

卞之琳

调，像杜甫《登高》里面这两句：'无边落木萧萧下，不尽长江滚滚来。'中'无边落木'，'木'的后面接'萧萧'，两个草字头，草也算木；'不尽长江'呢？'江'是三点水，后面就'滚滚'而来，这种字形，视觉上的冲击，无论你是怎样的翻译高手都是没有办法的。"但是他们却不知道：早在40年代，卞先生就在翻译课上把'萧萧下'译成 shower by shower，音义双绝，使大家赞不绝口了。1948 年卞先生到牛津来，我问他全句如何翻译，他说还没译好。我便根据他译'萧萧下'的方法，把这两句诗译成：

The boundless forest sheds its leaves shower by shower;
The endless river rolls its waves hour after hour.

这样，草字头就用重复 sh（sheds，shower）的译法，三点水则用重复 r（river，rolls）& hour 的译法，表达了一点原诗的音美和形美。而这点成绩是在卞先生启发下取得的。

　　卞先生对翻译的贡献主要表现在莎士比亚的四大悲剧上。
如《哈姆雷特》的名句：

To be or not to be—that is the question

1. 朱生豪译：生存还是毁灭，这是一个值得考虑的问题。

2. 孙大雨译：是生存还是消亡，问题的所在……

3. 梁实秋译：死后是存在，还是不存在——这是问题。

4. 卞之琳译：活下去还是不活，这是问题。

5. 许国璋译：是生，是死，这是问题。

6. 王佐良译：生或死，这就是问题所在。

7. 方平译：活着好，还是死了好，这是个问题。

　　比较一下几种译文，可以说没有一种比得上卞译的。朱译"毁
灭"，孙译"消亡"一般用于集体，不用于个人；梁译异想天开，
不是译界共识；许译、王译像是哲学教授讲课；方译则是讨论
哲学问题，不是舞台独白。所以只有卞译最好，超过了各家。
　　再举一个例子，可以比较《哈姆雷特》第四幕第五场莪菲
丽亚唱词的朱生豪译文和卞之琳译文：

（朱译）情人佳节就在明天，　　　（卞译）明朝是伐伦丁节日，

　　　我要一早起身，　　　　　　　　大家要早起身，

　　梳洗整齐到你窗前，　　　　　看我啊到你的窗口，

　　　来做你的恋人。　　　　　　　　做你的意中人。

他下了床披了衣裳，　　　　他起来披上了衣服，

　他开开了房门；　　　　　　就马上开房门；

她进去时是个女郎，　　　　大姑娘进去了出来，

　出来变了妇人。　　　　　　不再是女儿身。

凭着神圣慈悲名字，　　　　我的天，我的地，哎呀，

　这种事太丢脸！　　　　　　真不怕难为情！

少年男子不知羞耻，　　　　小伙子总毛脚毛手，

　一味无赖纠缠。　　　　　　可不能怪别人。

她说你曾答应娶我，　　　　你把我弄到手以前，

　然后再同枕席。　　　　　　答应过要结婚。

——本来确是想这样作，　　——现在好，只怪你糊涂，

　无奈你等不及。　　　　　　自己来送上门！

　　两种译文各有千秋。总的说来，朱生豪是意译，如"情人佳节"，"我要一早起身"，"梳洗整齐"，"来做你的恋人"；卞之琳是直译，如"伐伦丁节日""大家要早起身"，但是也有意译，如"看我啊""做你的意中人"。其次，朱生豪是笔语，如"一味无赖纠缠""再同枕席"，但是也有口语，如"这种事太丢脸""无奈你等不及"；卞之琳是口语，如"真不怕难为情""你把我弄到手""自己来送上门"，偶尔也有笔语，如"不再是女儿身"。第三，原诗单行无韵，双行押韵；卞译和原诗一样，朱译却单双行都押韵，用韵密度超过原诗。第四，原诗单行四个音步，双行三个音步；两种译文都是单行八字，

双行六字；朱译音步和原诗基本一致，奇怪的是，主张"以顿代步"的卞之琳，理论反而没有联系实际。我倒同意他的做法，在理论和实践有矛盾时，理论应该服从实践。如果为了理论而改实践，那就是本末倒置了。

卞之琳最大的成就不在翻译，也不在理论，而在新诗的创作。他最著名的诗作是《断章》：

> 你站在桥上看风景，看风景的人在楼上看你。
>
> 明月装饰了你的窗子，你装饰了别人的梦。

前段发展了王之涣的《登鹳雀楼》："白日依山尽，黄河入海流。欲穷千里目，更上一层楼。"王诗只是在楼上看风景，风景中没有人。卞诗却增加了在桥上看风景的人，桥上人既看风景，也被楼上人看。王诗登高望远的豪情壮语，在卞诗中成了观景人看观景人。人既是欣赏美的主体，也是被欣赏的对象，更富有人生哲学的意味。苏东坡的《题西林壁》："横看成岭侧成峰，远近高低各不同。不识庐山真面目，只缘身在此山中。"也是前半写景，后半说理，说的是见木不见林之理。这和王之涣借景写情不同，因为景中有人。但是卞诗比苏诗更进一步：苏诗景中人只是主体，卞诗景中人却既是主体，又是客体，抒写的哲理又比苏诗更深了。卞诗后段发展了杜甫的《月夜》："今夜鄜州月，闺中只独看。"杜甫想象妻子独自看月，写的是个相，是明月装饰了闺中的窗子；"何时倚虚幌，双照泪痕干？"

《庐山高》 沈周 绘

杜甫梦想和妻子倚窗望月，写的还是个相，是妻子装饰了自己的梦，同时自己也装饰了妻子的梦，这就是主体客体合而为一。卞诗写的却是共相，比杜诗又更广了。

至于译诗的理论，卞之琳不赞成"信达雅"，认为只要一个"信"字；他不赞成直译和意译之分，认为只要一个"译"字；他不赞成形似和神似之分，认为只要一个"似"字。在这方面，我的意见不同。我觉得理论一定要受实践的检验。从上面的译例来看，"伐伦丁节"就是形似的直译，而"情人佳节"却是神似的意译，你说哪种翻译更"信"呢？其实，直译还有程度不同的直译，意译也有程度不同的意译，如上面举的关于生和死的译例。我说卞译"活下去"那一句胜过其他译文，也是相对而言；如果在舞台上说"活下去还是不活？"观众会以为是发神经了。应该改成"死还是不死？"才像台词。因此，关于译论，我还是支持萧乾的意见。

第三章 家国命运 联大情怀

联大与北大

　　日记，正是一个人发现内心自我，并发展和积累自我人格的过程，是一个不断地发现自己内心世界，也同时与自己内心交流和审视的手段。

——张曼菱《北大才女》

　　女作家张曼菱送了我一本她写的《北大才女》。她比我晚 40 年入大学，但入学的年龄比我入学时大几岁。读了她的《未名湖的真情》，对照我的《追忆逝水年华》，发现她的大学生活汪洋恣肆，犹如汹涌澎湃的大海，而我在西南联大的读书生活只是涓涓细流，默默流入河川。她要做国家的英才，争取在"一塔湖图"（指燕塔、未名湖、图书馆）上题名，所以竞选人民代表，闹得沸沸扬扬，哪怕虚度片刻光阴，都会感到内疚。我却是在日本飞机轰炸之下，争取弦歌之声不绝，即使外文系选举我为四年级学生代表，我也不去参加会议，只要华夏文化的火炬能继续燃烧下去，就不管窗外春夏或秋冬了。

　　她在北大，有很多受人景仰的老师，他们对学生的影响，早已超出书外，超

西南联大

出校外、海外。如朱光潜先生，他叫张曼菱不要看他的书，因为他的书没什么，都是从外国搬来的，……没有多少他自己的东西。于是张曼菱说："世界上有哪个先生，叫人家不要读他的书呢？唯我北大朱先生也！自步入文坛之后，常领略那种争风夺势的俗劲，那些恬不知天高地厚的炒作和自封，令我怀念起湖边的导师，回忆起他的美学、美言、美行、美哉！朱先生。"张曼菱景仰的主要是朱先生的"德"，美言美行，所以说他的影响超出书外。我景仰的主要是朱先生的"才"，他的美文，影响主要是在书内。至于他不要人看他的书，我认为那应该考虑历史背景：20世纪50年代，他的美学思想受到批判；60年代，又经历了"文革"的浩劫；即使到了70年代，恐怕还是心有余

朱光潜

悸，怎么敢要人读他的书呢？

　　朱先生说他的书里"没有多少他自己的东西"，"都是从外国搬来的"。那应该如何理解呢？记得我在中学时代，就读过朱先生的《谈兴趣》《谈美》等；到了大学一年级，又读了他"从外国搬来的"克罗齐的《文艺心理学》。但是给我印象最深的还是《谈兴趣》和《谈美》，甚至影响了我的一生。我这一生在翻译方面和教学方面取得了一些成绩，主要原因是我翻译的是我感兴趣的书和诗词，我讲课能引起学生的兴趣。至于美学，我记得的不是克罗齐或车尔尼雪夫斯基的理论，而是朱先生讲的对一棵古松的三种态度：实用的态度求善，科学的态度求真，欣赏的态度求美。求善和求真时，人是环境需要的奴隶；只有求美时，人是自己心灵的主宰，所以价值最高。于是我在求美的象牙塔中度过了我的青春。如果说朱先生的话是从外国搬过来的，那我觉得他结合了中国的实际，已经成了中国的美学，就像马克思主义从德国搬来，和中国革命的实践一结合，就成了毛泽东思想一样。

张曼菱在《北大才女》中说："文科，是研究'立人''立国''立于世界之林'的根本学问的。""没有对'人文'的重视，就没有对社会人伦的理顺，对自然和谐的开发。"北大学者"皆立足于自成一家的学术，并代表着中国的优秀文化精粹"。如果像朱先生这样的人文学者都要人不看他的书，那就意味着中国优秀文化传统中断，意味着社会人伦不能理顺，甚至意味着中国不能屹然"立于世界之林"了。当年联大的朱自清、闻一多、沈从文、吴宓、叶公超、钱锺书……当年联大的众多学子为保存民族文化的命脉，寻求现代化科技以强国力，倡呼民主以促社会进步，直接投军去筑成血肉长城……他们这段在昆明的生活成为一代知识分子共分国忧的大人生，永远值得人们缅怀！

社会人伦不能理顺，表现在政治关系上，是大民主和一言堂；表现在经济关系上，先是斗私批修，后是以权谋私；表现在文化关系上，不是无才便是德，就是无德便是才；打倒了学而优则仕，先出现了学而劣则仕，后又出现了学而仕则优。当年不学无术的打砸抢英雄，摇身一变，成了博士生的导师；学而优的知识分子反被打倒在地，再踏上一只脚，永世不得翻身。甚至下一代看到上一代的遭遇，也误认为知识无用，权钱至上，有的发誓不接知识分子的班，宁可流浪国外，成为暴力文化和性文化的俘虏，也不回到祖国，致使传统文化后继乏人。幸亏

1978 年的三中全会拨乱反正，才能扭转局面。但那时的中国文化已经几近一片荒原，唯一开放的鲜花只有一朵，那就是《毛泽东诗词》。而诗词的英译又不尽如人意，于是我写了一封信给朱先生，得到他 1978 年 1 月 8 日的回信如下：

许渊冲同志：

近患流感，来书稽复为歉。毛主席诗词的外文译文确实表达不出原作的精神风韵，特别是早期发表的，其原因不出两种：一是根本没有懂透原诗，一是外语表达能力不够。"四人帮"横行时文化部的袁水拍曾奔走京沪粤汉各校，说是征求修改译文的意见，在北大开过三四次座谈会。我们提的意见不少，还试着改译了数首。听说全国提的意见不下数千条。不料后来印行新版后，我们的意见一条也没有采纳，当时大家甚为气愤。后来才知道这全是一个圈套，袁水拍的目的是讨好江青，要删去"我失骄杨"的注解，因而把外文译本的注释全都删去。做广泛征求意见的姿态，是蒙混群众的视听。当时在京的几位朋友曾写了一讽刺诗，其中有讽袁为"胡笳十八拍"的。我当时也戏和了一首：

琵琶遮面不遮羞，树倒猢狲堕浊流。

不注骄杨该万死，雷轰碣石解千愁。

录博一粲。

尊译对原译确实大有改进，鄙意如果要彻底，最好丢开原译文另译，才不受原译束缚。原译者不懂"指点江山"是盱衡国家大势或商讨国家大事，遵照原词字面直译，不知"江山"在外文里并没有国家疆宇的意思，尊译也因之未改，当可斟酌。

匆复即致

敬礼!

朱光潜

1978 年 1 月 8 日

我给朱先生的回信中说："指点江山"可照字面理解，如贺敬之《桂林山水歌》中有"指点江山唱祖国"，并没有批评国事的意思。后来，我又写信给朱先生，谈到译诗"三美"的问题，得到他 1979 年 11 月 26 日来信如下：

渊冲教授：

得手教，多承关注，至感。

尊译《毛主席诗词》久已读过，后来陆续收到《毛主席诗词》译文不下四五种，较之尊译均有逊色，问题大半出在对原文的理解和对外文的掌握，最差的还是官方译本。来示所标出的意美、音美和形美确实是做诗和译诗所应遵循的。以外语译中诗最难掌握的似仍在音。如原诗用格律，译文之用格律当然较妥，但音亦不仅在格律，而且意、形、音三者不可偏废，还要能成融贯的统一体，严氏信达雅的标准仍较周全，三者都要涉及意、形、音。

近年来我多搞理论工作，对于文艺作品久已荒疏，在翻译方面亦只偏于散文理论著作，所以对翻译诗问题实不敢赞一词，妄陈所见，当望指正。

《歌德对话录》久已售完，分配给我的也久已送完，现正在加印，俟出版时当寄一册求教。

匆匆便致

敬礼！

朱光潜

1979 年 11 月 26 日

朱先生的信给了我很大的鼓舞：首先，在理论方面，他支持我提出的"三美"译论，甚至认为做诗也该遵循"三美"原则；其次，在实践方面，他认为我的毛诗译文胜过其他译文，尤其是远胜官方的译本，这使我坚定了译诗的信心。最后，他指出了译诗的方向："三美"要和"信达雅"结合。这就是说，译诗不但在内容上，而且在形式上，甚至在音韵上，都要能使读者知之（信），好之（达），甚至乐之（雅）。但我认为雅已过时，所以提出了"信达优论"。

1983 年，我从洛阳外国语学院调来北京大学西语系任客座教授。中秋佳节，朱先生以 87 岁的高龄，亲自到勺园招待所来看我，送了我一本《艺文杂谈》，称我为诗人，使我受宠若惊。

他还谈到国外翻译诗词的情况，谈到美国耶鲁大学教授 Hans Frankel，扩大了我的眼界，使我得益匪浅。后来听到吴冠中说："我们都是吃朱先生的奶长大的"，实有同感。

除了朱先生外，张曼菱在北大景仰的大师还有林庚教授。她在《北大才女》中写道："'独上小楼风满袖'，这句诗，在我心中久久地成了林庚先生的化身……当宫廷招手呼他，去为红墙内那位女皇'讲书'时，林先生对于'尚方宝剑'不买账，不入宠……追求一种失落而又永生的美，将人生投入此追求的过程之中，这正是中国文化传统中高人志士们的精神哲学，东方美之极致。"关于林先生不为洪都女皇江青讲书的事，使我想起了钱锺书先生不赴国宴的传闻。《一寸千思》389 页上说：

"四人帮"横行的时候，忽然大发慈悲通知学部要钱先生去参加国宴。办公室派人去通知钱先生。钱先生说："我不去，哈！我很忙，我不去，哈！"

"这是江青同志点名要你去的！"

"哈！我不去，我很忙，我不去，哈！"

"那么，我可不可以说你身体不好，起不来？"

"不！不！不！我身体很好，你看，身体很好！哈！我很忙，我不去，哈！"

朱先生讽刺江青，林先生不去讲书，钱先生不赴国宴，表明了老一代北大人的硬骨头。到了我的同代人，表现就不同了。

　　《老头儿汪曾祺》114 页上说：汪曾祺写了一个剧本《小翠》，"剧本中有一段写的是，傻公子把被人用弹弓打昏的小狐狸带回家，认定是一只猫……造反派宣称，毒就在这里面。猫，就是毛；毛，就是主席。如此恶毒攻击伟大领袖，'是可忍孰不可忍？'……接下来便是批斗，罚跪，在头发当中一剪子开出一条马路，在院内游街，挨几下打……"不料汪曾祺因为写了革命样板戏，"江青的秘书忽然打电话到京剧团，通知汪曾祺第二天上天安门"，于是汪曾祺对江青有一种文人的"知遇之恩"，觉得江青欣赏他，就表态说："江青同志如果还允许我在'样板戏'上尽一点力，我一定鞠躬尽瘁，死而后已。"《老头儿汪曾祺》126 页上说："江青很重视一出戏的主题，说过主题是要通过人物来体现的。反过来说，人物是为了表现主题而设置的。这些话乍听有些道理，但实际上是从概念出发进行创作，而非从生活出发进行创作，违反了创作的基本规律。江青曾经就京剧《杜鹃山》改编工作做过指示：'主题是改造自发部队，这一点不能不明确'。"又说："剧中人物的名字也都变了……柯湘也是新起的名，原来好像叫贺湘(是否怕和贺龙有关？)。《杜鹃山》的剧名也几次更改，曾经叫过《杜泉山》……汪曾祺开玩笑："干脆改成'杜撰山'得了。"汪曾祺还曾陪过江青看戏，坐在她的旁边；在江青面前，他是唯一敢跷二郎腿，敢抽烟的人。因此在"四人帮"垮台之后，他被认为是投靠过江青的人，做过多次检讨，才得过关。

　　汪曾祺是得到过江青欣赏的人。我把毛泽东诗词译成英法韵文之后，没有地方出版，也曾写信给江青，希望她像关心样板戏一样关心毛主席诗词，但是江青不懂外文，我没有像汪曾祺那样得到"知遇之恩"，也没有受到检讨的罪与罚。

张曼菱在北大景仰的老师还有季羡林和金克木。有一次，她和季先生谈话，她在《北大才女》中说："那次他赠我的话是：'有容乃大，无欲则刚'……我说，我希望的异性关系是互不干扰，不要破坏了我自己。他说，那是最理想的婚姻。""在与国家最高层领导见面时，季羡林直言不讳地指出当今弊端，他说，目前社会上'重理轻文'，必有后患。"

关于婚姻问题，金克木在《孔乙己外传》82页上说："爱情是又聋又哑又眇目的，婚姻不但要求有友谊加爱情，还要能在生活上谐调一致，所以最难圆满。天天在一起，哪有那么多

金克木

·

的心可谈？也不能长久装聋作哑，睁一只眼闭一只眼，生活上更难处处时时一致。女友可以兼有友谊爱情二者之长而无结婚所需三者之短，因此我最珍惜所结交的几位女友的情谊。"

关于女友，金克木在《孔乙己外传》119 页上写了他和一个女友的谈话："这是一次特殊的谈话。她把信里不能讲的，也许是对别人都不能讲出来的，一件又一件向我倾吐，我也照样回报。从自己到别

《孔乙己外传——小说集附评》图书封面

人，从过去到未来，从欢乐到悲哀，都谈到了。这是真实无虚的对话。我们的关系从此定下来了，没有盟，没有誓，只有心心相印。她有的是追她谈爱情谈婚姻的人，她独缺少真心朋友。那么，'你没有朋友么？我就是，我来补这个缺。'我的话，我一生没有改变……恐怕我还是没有真正完全懂得她的心思。我这一生总是错中错，人家需要温情时我送去冷脸，人家需要冷面时我喷出热情。不是'失人'，就是'失言'，总是'错位'。"于是他写了几首绝句：

浮生若梦强为欢，怕听空山泣杜鹃。

天上蛾眉真解事，古今不见永团圆。

愿借星辰证我心，春宵似水苦寒侵；

巴金和萧珊

海天有尽情无尽，多露何堪更夜行！

忽漫相逢巳太迟，人生有恨两心知。
同心结逐东流水，不作人间连理枝。

金克木作结论说："友谊是爱情的基石。没有友谊的爱情
是泡沫，结成婚姻也只是社会关系。"那么，没有结成婚姻的
爱情呢？

张曼菱在《北大才女》中说："金克木的心灵仿佛可以穿
透岁月，不会老一样。说起当年巴金与萧珊住在他楼上谈恋爱
的事，他仍是觉得很逗，一阵阵地发笑，而说起现在，现在的
青年，他也没有什么距离感。总之，什么对他都是近在跟前的事，
没有时间和空间的距离，也没有什么达不到的和不能理解的事
情。这一点，使他不像同辈人那样沉重，而是敏锐、灵透。"

巴金和萧珊应该算是结成婚姻的爱情了，我在中学时代就读过巴金的《家》，认为觉新和梅是没有结成婚姻的爱情，和瑞珏却是没有爱情的婚姻，但是瑞珏一死，他们的婚姻反而像是爱情的结合了。这使我想起了朱光潜在《谈美》中说的话："本来是很酸辛的遭遇，到后来往往变成很甜美的回忆。"因为美和实际人生之间总有一段距离，要站在适当的时间或空间的距离之外，才更容易看出事物的美。

1940 年，萧珊在西南联大学习，和我同班上吴达元教授的法文课，巴金到昆明来看她，还参加了我们为他举行的座谈会。记得巴金穿着朴实，平易近人，说一口四川话，看不出身上有觉民为恋爱而反抗家庭，或觉慧为革命而离家出走的影子。他对爱好文学的青年说：先要做一个人，才能做个作家。我问了他一个问题：普希金在《杜布罗夫斯基》中写男主角把女主角从老公爵手中救了出来，为什么没有结合？巴金说是因为女主角已经经过宗教仪式嫁给老公爵了。可见我那时受巴金的影响，认为男女主角应该像觉民和琴一样结合，没有爱情不应该结婚。这就是说，我忘记了美和实际人生之间是有距离的。

金克木是北京大学教授，但却不是北大毕业的，而只是个旁听生。他在《孔乙己外传》333 页上写道："规规矩矩的学校是清华，门门功课一样紧，学完了总能出国，得了博士回来干什么都行，清华同学会有的是力量，木来是留美预备学校啊。"北京大学是个特别的学校，听说是蔡元培办出来的，叫做'兼容并包'。这些大学所有的特点，北大全包了，要什么，有什么。愿意干哪样都行，都有机会，只看你自己，学校一概不管。求学也好，革命也好，拉关系做官也好，从事教育办中学当教员也好，考出国留学也好，混文凭也好。总之，不管真上学，假上学，北大都容得下。这叫作'此北大之所以为大也'。不过最近有个传说是，南京教育部对北大现状很不满意，说是教育部长蒋梦麟要来当校长，要大加整顿，照清华规格办。"这个传说到 1937 年才成为事实，北大、清华、南开在昆明联合成立了西南联大。

金克木虽然没有考入北大，但他自学外文的成绩，却不在联大外文系学生之下。《孔乙己外传》237 页上记"他买了一小本世界书局出版的《少年维特之烦恼》英文本，后面还附点词汇，很便宜。他想起一些同学和朋友迷上这本书，是郭沫若译的，他也看过，却不知道好在哪里。他对那位爱朋友妻子而自杀的维特没有好感，不懂得爱上了人为什么要自杀。"这种感想和他的爱情观、友谊观、婚姻观是一致的。他读了英文本之后，"觉得那英文不比郭沫若的中文好，还是看不出歌德的天才在哪里。"我却觉得英译文比中译文自然，读起来没有翻译腔。由此可见，他看英文小说注重内容，我却兼重文字。

他还读了《阿狄生文报捃华》，说"明明是虚构的人物却活灵活现，……以为这大概是英国的韩愈、欧阳修吧"。"学英文不是念语言文字而是跑到英文里去化为英国风的中国人了：'这问题，假如是阿狄生，会怎样说呢？'……他把英文中文混合起来乱讲，也不知道是背诵书本，还是做练习………'他

西南联大校舍

的老师'不知不觉把自己在大学四年中所学的英文要点和心得给了这个学生"。金克木就是这样自学成才的，我在联大也读了阿狄生和斯蒂尔，说："斯蒂尔谈诗论文，采风记乐，重的是情；阿狄生亲切而不粗俗，高雅而不卖弄，重的是理，被称为当代的苏格拉底。"由此可见，金克木学英文更重理解，我则兼重表达。

金克木在《古今对话录》中问九方皋说："我想问的是世界的未来大势。"

"什么未来？不是现在吗？从我活的时候（2500年前）说，你们的现在就是我的未来，所以我的过去也是你们的未来……七国争雄，三分天下，这是我的未来，也是你们的未来。过去就是未来……我那时天下分为九州，你们现在有几州？"

"现在说是七大洲。"

"这不是七国吗？……这一百年间地上连打两次大仗，……前一百年是英吉利的天下，好比齐国。两次大战把他打垮了，挥舞着胜利的旗子退下去，美利坚上来了。人家打仗，他占便宜，自以为了不起，好比楚国。真正厉害的是秦国……"正是：

三家争俊杰，一语定乾坤。

九方皋谈到秦国赵高"指鹿为马"时说："这一句话奥妙无穷。你说是鹿，就是反对他；你说是马，就是说假话，可以利用，但不可信任；你说不知道，这是装糊涂，心怀鬼胎，更要不得；

你不说话，必定另有想法，有阴谋，腹非。一句话把所有的人都测出原形来了。真了不起。"

九方皋又谈到诸葛亮是赵高的门下："诸葛要诀是对人宽而对己严。""诸葛派关羽在华容道放走曹操，这不是对人宽吗？不放曹操，谁能对付孙权？万不可让吴国捉住曹操杀掉。诸葛一斩马谡，二杀魏延，三气周瑜，这不是对自己人严厉吗？……没有周瑜，吴仍能抗魏。有个周瑜，说不定这位赤壁之战的青年统帅会挺进中原代替老头曹操，哪里还有三分天下？"

张曼菱说：对金克木，"没有时间和空间的距离"，他谈七国三分，不分中外；他谈"指鹿为马"，不分古今。无怪乎张曼菱景仰他了。比较一下张曼菱时代的北大和抗日时期的联大，可以说是有同有异；但是清华因为重工轻文，就使文化传统后继乏人了。

联大与清华

一个大学之所以为大学，全在于有没有好教授。孟子说："所谓大国者，非谓有乔木之谓也，有世臣之谓也。"我现在可以仿照说："所谓大学者，非谓有大楼之谓也，有大师之谓也。"

——梅贻琦（1931 年 12 月 4 日）

联大是 1938 年至 1946 年抗日战争时期由清华、北大、南开在昆明联合组成的大学。1937 年三校在长沙组成临时大学时，共有教师 148 人，其中清华 73 人、北大 55 人、南开 20 人。8 年之内，毕业学生计清华 728 人、北大 369 人、南开 195 人（联大学籍的不计算在内）。如以师生人数而论，要算清华大学最多。

如以领导而论，则北大校长蒋梦麟（1886—1964）学历最高（美国哥伦比亚大学哲学博士），南开校长张伯苓（1876—1951）年龄最大，比蒋梦麟年长 10 岁；而实际在联大工作最长的却是清华校长梅贻琦（1889—1962），虽然他学历不如蒋梦麟高，只是美国芝加哥大学硕士，而论资历又是张伯苓的学生。

　　蒋梦麟 12 岁时进了绍兴中西学堂，成了蔡元培的学生。在美国师从杜威研究教育，兼在《大同日报》撰述，那时认识了孙中山。孙先生对他的评价是："少贤（蒋梦麟字）他日当为中国教育泰斗，非知之艰，行之为艰，少贤有焉！然对于革命议论风发泉涌，笔利如刀，又宣传家大手笔也。"1911 年武昌起义后，他每天为《大同日报》写社论一篇。1919 年他代理蔡元培为北京大学校长；1927 年任教育部长；1930 年任北大校长。

　　1937 年在长沙临时大学时，蒋梦麟和张伯苓巡视学生宿舍，看见房屋破败，蒋校长认为不宜居住；张校长却认为学生应该接受锻炼，有这样的宿舍也该满意了。于是蒋说："倘若是我的孩子，我就不要他住在这宿舍里！"张却针锋相对地表示："倘若是我的孩子，我一定要他住在这宿舍里！"由此可以看

蒋梦麟

出他们之间的思想矛盾。当时梅贻琦也在场，没有表态，但从他到昆明后租用昆华农校、工校的教学大楼，又租昆华中学北院和南院作为学生宿舍，可见他是尽量不让学生住破败房屋的。等到联大新校舍盖成后，他又让学生住进漏雨的草顶茅舍，可见他也不反对学生接受锻炼。就是这样，他调和了蒋张两位校长之间的矛盾，使三个大学团结得像一个学校。

　　早在 20 世纪 20 年代，我就看到过蒋梦麟博士翻译的美国威尔逊总统的演说，那时我只喜欢听故事，看小说，对用文言文翻译的演说词不感兴趣。到联大后，第一次参加全校大会听蒋校长讲话，看见他戴一顶礼帽，穿着长袍马褂，脸比我想象中的瘦，架了一副金丝眼镜，留了小八字胡须，说话带有很浓的浙江口音。我本来以为他会讲大学生应该如何学习，不料他只批评了一些同学不遵守校规，有损学校的名誉，使我大失所望。第二次见到他是在农校大操场上体育课时，他还是穿长袍，拿了一根手杖走来，用英语和马约翰打招呼，使我感到意外。第三次见到他时，他的穿着和第一次一样，不过这次不是训话，而是陪同当时的教育部长陈立夫来讲《唯生论》。后来他在重庆任行政院秘书长，就没有再来联大了。

　　1940 年张伯苓在重庆任参政会议长，5 月到昆明来，联大剧团多是南开学生，要在第二食堂演剧，表示欢迎。但是食堂没有座位，剧团就把图书馆的长凳搬来。剧团分发戏票不公，晚上到图书馆来的同学既没有凳子，又没有戏票，于是就闹事了。我在 5 月 12 日的日记中有记载：

联大剧团等五团体演剧，只让一部分同学去看戏。剧本来说是七点钟开演，到了八点半人还没有全进去。忽然听见第二食堂门口闹起来了，有人大声叫喊："凳子！凳子！你们演戏要凳子，难道我们看书倒不要凳子了？凳子！凳子！"

身上挂着红绸带的查票员想要解释。

"不听！不听！凳子！凳子！我们要进去拿凳子！"

桌子被推翻了，查票员被推开了。

有人叫"通！"有人喊"冲！"

同学们开始冲进去，里面的纠察员赶来拦住。

冲在前面的同学高举着手，大叫："凳子！凳子！"

里面的人抵不住这一股铁流，几个人冲进去了。

里面的人想要关起门来，只关住了一扇，冲进去的人把住了另一扇。

铁流滚滚进来，两扇门都冲开了。

查票员忽然都变成了笑脸，不但不查票，反而请大家坐了。

"我们不要看戏！"

于是一个人拿了一条长凳，又退出了第二食堂。

这次闹事，比起25年后的"文化大革命"来，简直算不上是什么闹事了。

5月16日上午，张伯苓校长在昆中北院大操场上讲话，他的脸下半比上半更宽，戴一副玳瑁眼镜，穿一件深色长袍，说话是北方口音，显得人很豪爽。他批评了演戏那晚闹事的学生，说："你们喜欢看戏，我要周恩来给你们演一场好了，他还会演女角呢！"他在台上讲话，梅校长站在他右边。他就对我们说："你们要向月涵（梅贻琦字）学习，他是南开第一班第一名。"讲完了话，他不要梅校长搀扶，虽然已经 60 多岁，还从台上跳了下来，吓了大家一跳，他却脸不改色，满不在乎，可见身体锻炼有素。看来联大三位常委配合得非常好：清华梅校长管智育，北大蒋校长管德育，南开张校长管文体，所以联大学生能德智体全面发展。

三位常委之中，我们见得最多的是梅校长。他的脸不宽不瘦，戴的眼镜不如张校长的粗，又不如蒋校长的细，常穿灰色西服，有时也穿深色长袍，说话走路都从容不迫，即使日本飞机来炸昆明，他和学生同在郊外跑警报，也是不慌不忙，安步当车，温文尔雅，很有绅士风度，是联大同学最敬爱的校长。每次全校大会，都是他亲自主持。他的讲话谈到大学的目的是：一要研究学术，二要造就人才。给我印象最深，影响最大的一次，是在新校舍第一大食堂的讲话，他说大学生的主要责任不是别的，就是读书。至于政治，他在 1945 年 11 月 5 日的日记中写道：

余对政治无深研究，于共产主义亦无大认识，但颇怀疑；对于校局则以为应追随蔡子民先生兼容并包之态度，以克尽学术自由之使命。昔日之所谓新旧，今日之所谓左右，其在学校，均应予以自由探讨之机会。情况正同。此昔日北大之所以为北大，而将来清华之应为清华，正应于此注意也。

陈纳德上校率领的飞虎队

1941 年美国志愿空军第一大队（就是陈纳德上校率领的飞虎队）来到昆明，参加对日作战，缺少英文翻译，于是梅校长要联大外文系三四年级的男学生一律参军，去当译员。我被分配到机要秘书室翻译军事情报，机要秘书林文奎少校是航空军官学校第一期第一名毕业生，也是清华大学 1933 届校友。梅校长到秘书室来了解联大学生工作情况，并对我们问寒问暖，使我们感到虽然离开了学校，还是一样受到学校的关怀，这是我个人第一次和梅校长的接触。

1949 年我在巴黎大学时，梅校长来巴黎开会，我们十几个清华和联大的校友在金龙饭店宴请他。那时北京已经解放，解放军广播请他留任清华大学校长，他却没有留下，因此心情不好。在宴席上，他讲了一个笑话，说男人在一起开会，有人提议怕老婆的站一边，不怕的站另一边，结果只有一个人不怕。人家问他怎么不怕老婆？他说他老婆叫他不要站到人多的地方去。大家笑了，也不知道这个老婆是实指还是虚指，有无象征意义？我们还陪梅校长去了卢浮宫、歌剧院、香榭丽舍、凡尔赛、枫丹白露宫等地，枫丹白露是拿破仑战败后告别法国的地方，梅先生会不会见景生情呢？

梅校长平日沉默寡言，说话慢条斯理，吴组湘《民国百人传》（一）88 页上有记载："国立各大学之间另有聚餐在骑河楼清华同学会会所内随时举行，有梦麟北大校长，梅月涵（贻琦）清华校长，……月涵先生是迟缓不决的，甚至没有意见的。梦麟先生总是听了适之（胡适）的意见而后发言。……清华会餐

清华学堂

席上，适之先生是其间的中心，梦麟是决定一切之人。"由此可见，在决断上，蒋梅两位校长形成了对照；在发言时，梅胡两位校长更形成了鲜明的对比。胡适能言善辩，讲课令人神往。《胡适的日记》1931年2月10日记有："在二院大礼堂，听讲者约三百人，有许多人站了约两点钟。"我认为这是讲学的最高成就。

梅校长虽不长于言辞，但是善听。他1945年9月25日的日记中说："晚8点，蒋（介石）主席在军委大礼堂台宴，余被排座在主人之左，得与谈话。饭罢主席致词，……周鲠生致答词，注重大学自由研究之重要，措辞颇好。"9月26日又说："代表致答词，无甚警语。"10月28日的日记中说："食后谈及时局及学校将来问题，颇兴奋，盖倘国共问题不得解决，则校内师生意见更将分歧，而负责者欲于此情况中维持局面，实大难事，民主自由果将如何解释？学术自由又将如何保持？使人忧惶！"1946年6月25日，梅校长又见到蒋介石，"余问：主席看北方局面是否可无问题？答：吾们不能说一定，或者不致有大问题。言时笑容可掬，其或笑余之憨，余亦故为此问也。"由此可以看出梅先生的大智若愚。

1947—1948年间，我曾三次从南京飞北京，并同何国基、黄有莘（曾任中国科技大学物理系主任，已故）、王遵华（曾任清华大学电机系主任，已故）在骑河楼清华同学会住过。50年代我在北京香山工作，周末骑自行车进城，常在骑河楼住一晚。有一次和叶企孙先生同住一室，他告诉我他在中南海怀仁堂和

毛主席同看了京剧《野猪林》，李少春和杜近芳演林冲别妻一
场唱得凄婉悲烈，非常动人。这离蒋介石宴请梅贻琦不过几年
的时间，两位清华领导人的命运完全不同。1959年我和照君在
盛开的花树前合影，也是在骑河楼的小院子里拍摄的，没想到
这里却是梅、蒋、胡三位校长在三四十年代经常聚会的圣地。
遥想当年胡适之上下古今，高谈阔论，令人神往。直到50年后，
我和照君才南下香港，东到南京，西飞重庆，中来武汉，在各
个高等院校讲学。居然在听讲的几百师生当中，也有不少站了
一两个钟头的。虽然有人说我这是"狗尾续貂"，我也只好笑
骂由之了。

　　叶企孙先生是1911年考入清华学堂的第一批学生之一。
1914年梅贻琦先生回国，在清华教物理课，非常赞赏叶企孙在
1916年用英文写的《中国天文学史》，这是他们师生关系的开始。
1923年叶企孙在美国哈佛
大学得博士学位，论文题
是：《用X射线方法测定
普朗克常数》，所得结果
是当时最精确的。1925年
他来清华大学，建立了物
理系，任系主任。1929年
清华理学院成立，他是第
一任院长。他延聘名师，
"不聘不如自己的教授"，

骑河楼南巷

结果先后聘请了吴有训、萨本栋、赵忠尧、霍秉权等著名学者，培养了周培源、王淦昌、王竹溪、王大珩、钱三强、彭桓武、林家翘、赵九章等一大批优秀人才，其中不少是"两弹一星"的功臣。叶先生不但在学术上做出了贡献，在政治上也很进步。1937 年他曾组织清华物理系毕业生熊大缜等运送军用物资，支援抗日游击队，得到军区首长聂荣臻的赞扬。不料 1939 年的"锄奸"运动却错把熊大缜当作国民党的特务处决。"文化大革命"期间，叶企孙也受到熊大缜的牵连，被捕入狱一年多，1977 年含冤去世。直到 1986 年熊大缜案得到平反，叶企孙才得到昭雪。

　　回想 1948 年解放军要梅校长留在清华大学，假如他留下了，后来又会如何？他在日记中说："余对政治无深研究"，又说："民主自由果将如何解释？学术自由又将如何保持？"看来这的确是个问题。

联大和哈佛

《纽约时报》网站 2007 年 6 月 10 日报道："为了听课来哈佛太傻了。想和地球上最聪明的人在一起，你就来哈佛。"我看，这句话如果要应用到 1938 至 1946 年间的联大身上，可以说联大胜过哈佛。因为联大不但有当时地球上最聪明的头脑，还有全世界讲课最好的教授。

我在联大八年，听过不少精彩的讲课。如闻一多先生讲《庄子》时，教室外面都挤满了人，他讲到《逍遥游》，使学生恍然大悟，豁然贯通。他讲《诗经·汝坟》时，把饥渴理解为情欲，把"鲂鱼赤尾"理解为情欲如火的象征，把"王室如毁"理解为王孙公子情急如焚。把前人讲不通的诗句一下讲通了。无怪乎汪曾祺要说：闻先生讲《诗经》，古今无双了。但是他认为闻先生应该多搞学术研究，少搞政治活动，引起了闻先生的不满。他说闻先生对他进行了俯冲轰炸，闻先生却说是汪曾祺先用高射炮攻击的。今天看来，假如闻先生接受了汪曾祺的意见，民主运动少了一位烈士，学术研究却可能多出一些成果，是否得不偿失？值得深思。

哈佛大学

　　假如把闻先生比做一团烈火，那就可以把朱自清先生比做一潭清水。闻先生像"飞流直下三千丈"，"不尽长江滚滚来"；朱先生却像"闲云潭影日悠悠，物换星移几度秋"？朱先生是"气蒸云梦泽"，闻先生却是"波撼岳阳城"。闻先生讲课时异峰突起，令人惊心动魄；朱先生却平淡如水，其味隽永，使人觉得原来如此！如朱先生讲"比兴"时说："比体诗"有四大类：咏史（以古比今），游仙（以仙比俗），艳情（以男女比君臣），咏物（以物比人）。"兴"却是见景生情。有时"比兴"难分，如《诗经·关雎》："关关雎鸠，在河之洲；窈窕淑女，君子好逑。"如果说诗人看见成对成双的雎鸠，就想到自己意中的窈窕淑女，那是"兴"。如果把自己和淑女比作一对雎鸠，那却是"比"了。

中国诗的"亦比亦兴"，使得诗的含蕴丰富，解释多样，是西方诗难相比的。因为中国诗的"比兴"往往合而为一，难解难分。而西方诗却比是比，兴是兴，泾渭分明。如艾略特的《荒原》，把比喻生硬地插进诗里，没有消化，无怪乎钱锺书先生挖苦地把他的名字译成"爱利恶德"了。又如朱先生讲《古诗十九首》"行行重行行"中的最后两句说："弃捐勿复道，努力加餐饭。"有两种解释：一说妻子被抛弃了，还有什么话好说呢？只有自己顾全自己的温饱，不要忍饥挨饿就不错了。另一种说：妻子已被丈夫抛弃，不能再照顾丈夫，但愿丈夫照顾自己，不要受冻挨饿吧。第一说是弃妇的怨词，第二说却表现了古代妇女以德报怨的精神。朱先生还引用《诗经》"君子于役，苟无饥渴"作证，似乎平淡无奇，听来却令人信服，一清如水。

联大教授中有诗人闻一多，散文家朱自清，小说家沈从文。沈从文多写农民和兵士。写工商界人士的作家茅盾，剧作家曹禺；写知识分子和小市民的老舍；写知识青年和革命者的巴金都到联大来做过报告。在短短的八年之中，哈佛大学不可能有这么多文学精英，全世界的聪明头脑，集中到一个学校来了吧！

沈先生来联大任教之前，先在"高原文艺社"开了一个小型座谈会。在会上他说："不要觉得别人平庸，其实自己就该平庸一点。伟大的人并不脱离人生，而是贴近人生的。"他在他的小说《边城》中提到小说中的人物时说："他们是正直的，诚实的。生活有些方面极其伟大，有些方面又极其平凡。"可见他是要寓伟大于平凡的。

沈从文

汪曾祺写了一篇小说，里面有许多对话。他尽力把对话写得美一些，有诗意，有哲理。沈先生看过之后说："你这不是对话，是两个聪明脑壳打架……"由此可以看出他对平凡的看法：平凡就是普普通通的话，要尽量写得朴素，这样才能算真实。但沈先生并不反对写聪明的脑壳。正相反，当读到汪曾祺神来之笔的时候，沈先生说比他自己写得还要好，并且破格给了他120分。例如汪曾祺关于韩愈、温庭筠和李商隐的评价："眼看光和热消逝了，竭力想找出另一种东西来照耀漫漫长夜的，是韩愈；沉湎于无限晚景，以山头胭脂作脸上胭脂的，是温飞卿、李商隐。"联大有这样一些头脑聪明而又循循善诱的教授，所以就培养出了这样一大批"中兴业"所需要的"人杰"。

不过人杰并不是完全靠学校培养出来的，多半要靠自己的才能和努力，学校只是提供一个可以自由发展的环境而已。汪曾祺在联大时不太喜欢上课，常是夜里在图书馆读书写作，白天却在宿舍里睡觉，下午又泡茶馆聊天。结果毕业前中文系问朱自清先生愿不愿要汪曾祺做助教，朱先生却因为他不上他的

《宋诗》课而拒绝了。但杨振声先生开《汉魏六朝诗》课，因为汪曾祺写了一篇短短的报告《方车论》，从一个合乎情而不合理的奇特想象中，发掘出了诗中人物依依惜别的感情，杨先生宣布汪曾祺免予考试，却可得到学分。由此可以看出联大百花齐放、兼容并包的学风，这种学风造就了汪曾祺这样的人才。但他却因为大二英文和体育不及格，不能毕业。这和比尔·盖茨 2007 年才补领哈佛毕业文凭，不是有相似之处吗？汪曾祺英文不及格，虽然没有拿到文凭，却使他知道了英文的重要，甚至说："不懂英文的作家，只能算半个作家。"他英文虽然不及格，但考试时不会说"刮胡子"，却会用"把胡子去掉"来代替，这就是作家的本领了。我看联大对才子应该不拘一格，对汪曾祺这样的学生应该采取杨振声先生免考的办法，那就可以两全其美了。中文系同学何国基考了几次联大都没考取。后来写了一个剧本给朱自清先生看，才破格录取的，这和钱锺书数学不及格却考取了清华不是一样的吗？我认为这也是联大可以和哈佛相比的地方。

联大的中文系和哈佛大学的英美文学系进行比较，就我所知，当时哈佛英文系最著名的教授是吉特勒基（George Kittredge），他的主要作品是编辑了《莎士比亚全集》的校勘本。闻一多校勘的《诗经》《楚辞》，朱自清校勘的《乐府》，钱锺书的《宋诗选注》不是可以和他比美的吗？而沈从文的小说，曹禺的戏剧，朱自清的散文，闻一多的诗，却是哈佛很难有人可比的了。

西南联大外文系师生

　　联大的外文系则是应该和哈佛的东方语言系进行比较。当时联大外文系只有一位教育部聘的教授，那就是吴宓先生。吴先生是中国比较文学的奠基人，他的中文和英文水平，都不是当时英美任何汉学家所能比拟的。他是哈佛的毕业生，在联大外文系讲《欧洲文学史》，用的方法完全和哈佛的一样，所以外文系的精英，等于身在联大，心却可以去哈佛。后来他们集体完成了《唐诗三百首》的英译，而这是闻一多先生和英国教授白英所想做而没有完全做到的，自然更是哈佛东方系做不到的了。吴宓还是清华大学中文系第一任系主任（1926—1928）；第二任是杨振声（1928—1930）；第三任才是朱自清（1930—1937）。这样学贯中西的教授，哈佛却是少有的。

　　联大外文系主任是叶公超，他在美国读书的时候，出版了一本英文诗集，得到美国桂冠诗人弗洛斯特（Robert Frost）赏识，后来去英国剑桥深造，又得到英国桂冠诗人艾略特（T.S.Eliot）的好评，并且他是第一个把艾略特介绍到中国来的学者。这种学者哈佛有没有呢？赵萝蕤在《怀念叶公超老师》一文中说："他一目十行，没有哪本书的内容他不知道。作为老师，我猜他不怎么备课，……他只是凭自己的才学信口开河，说到哪里是哪里。反正他的文艺理论知识多得很，用十辆卡车也装不完的。"叶公超后来当上了国民党政府的外交部长，这和哈佛的基辛格也许可以相比吧！

叶先生离开联大后，系主任由柳无忌教授接替。柳先生后来去美国印第安纳大学任教，培养了一大批美国的汉学家，出版了一本英译的《葵晔集——中国三千年诗词选》，是当时全世界内容最丰富的诗集，收录了当代美国重要汉学家的作品，包括哈佛大学的教授 Hightower，Owen 等的译作在内。不过他们全把古典诗词译成美国的自由诗，比较一下同期联大校友的译文，就可以看出高下了：

北国有佳人，There is a beauty in the northern lands;

绝世而独立。Unequalled in the world she stands.

一顾倾人城，At her first glance, soldiers would lose their town;

再顾倾人国。At her second, a monarch would lose his crown.

宁不知倾城与倾国？ how could the soldiers and monarch

neglect their duty？

　　佳人难再得。For town and crown are over shadowed by her beauty.

　　这个译文不是美国式的分行散文，而是译出了原诗的意美、音美、形美。可见即使以英文而论，联大也不在哈佛之下。

　　历史系陈寅恪先生是哈佛出身，他讲课时，不讲书上讲过的，不讲前人讲过的，也不讲自己讲过的。这种讲法，不知道哈佛有没有先例？陈先生在 1953 年答中国科学院的信中说："没有自由思想，没有独立精神，即不能发扬真理，即不能研究学术。"他的独立精神表现在对领导的态度上。记得《文汇读书周报》登过一件轶事，说解放前的中央研究院要选院士，蒋介石示意选教育部长，陈寅恪却公开反对说：蒋先生如果是要选秘书，当然可以选某某人；如果要选院士，那就碍难照办了。可以看出他不畏权势的独立精神。至于自由思想，他是中国第一个通读了马克思《资本论》原文本的学者，当中科院 1953 年邀请他担任中古史研究所所长时，他却要求"允许研究所不崇奉马列主义，并不学习政治"（见《陈寅恪的最后 20 年》102 页）。可见他的思想自由。这种精神和思想表现在学术上，则是他写了一部八十多万字的《柳如是别传》，说柳如是不但淹通文史，兼善词曲，而且才华盖世，名节俱高，独立精神与自由思想远非一般文人可比。周一良说："陈先生开辟了运用文学作品阐述历史问题，又利用历史知识解说文学作品的崭新途径，左右

逢源，令人叹服。"这就是"以诗证史"。但历史系 1943 级级
友何兆武却认为陈先生不是"论从史出"。由此可见联大聪明
人多，百花齐放，百家争鸣，这就造成了联大自由民主的学风。
何兆武说："江山代有才人出……问题是给不给他自由发展的
条件。没有思想的自由，没有个性的发展，就没有个人的创造力，
而个人的独创能力实际上才是真正的第一生产力。"

《吴宓日记》1919 年 3 月 26 日记下了陈寅恪对于爱情的看
法："（一）情之最上者，世无其人，悬空设想，而甘为之死，
如《牡丹亭》之杜丽娘是也。（二）与其人交识有素，而未尝
共衾枕者次之，如宝、黛等及中国未嫁之贞女是也。（三）又
次之，则曾一度枕席，而永久纪念不忘，如司棋与潘又安，及
中国之寡妇是也。（四）再次之，则为夫妇，终身而无外遇者。
（五）最下者，随处接合，唯欲是图，而无所谓情矣。"陈先
生的话如果应用到今天的西方，可以说多半都是有欲无情的了。
甚至英国著名的浪漫主义诗人雪莱，和一个 16 岁的女学生私奔，
结婚后怀了孕，却又把她抛弃，妻子投湖自杀之后，又和玛丽
结婚。而联大人的爱情，吴宓对很多情人多是"悬空设想"，
徐志摩、金岳霖等对林徽因的精神恋可以算是第二种，胡适之
对曹诚英的婚外恋可以算是第三种，陈寅恪、朱自清、闻一多
等的家庭生活则可以说是第四种。闻先生自已说（见流金《人
之子——怀念闻一多先生》）："我住在龙头村，每回走进城，
上完了课又走着回去，我的太太总是带着孩子到半路上来接我。
回到家，窗子上照映的已经是夕阳了。我愉快地洗完了脚，便

开始那简单而可口的晚餐。我的饭量总是很好的，哪一天也总是过的很快活。"这和《论语》中的"一箪食，一瓢饮"不是一脉相承的吗？这就是联大胜过哈佛的地方。

历史系教西洋史的皮名举教授也是哈佛出身，他是我认为讲课讲得最好的历史系教授。我听过他讲的西洋通史。一年后我走过他讲课的教室，听见他讲得如此津津有味，虽然我已经听过一遍，但还是站在教室窗外再听了一次。可见他讲课的吸引力之大。他讲到埃及女王克柳芭的鼻子如果长了一点，世界历史就要改写，因为罗马大将安东尼就不会"不爱江山爱美人"了。这和陈寅恪先生讲到杨贵妃时说的"玉颜自古关兴废"，一东一西，抓到了一个历史发展的关键。皮先生讲西洋史，同时联系中国古代史，如讲欧洲民族大迁移时，联系到《诗经》中记载的公元前1796年的周民族大迁移，这恐怕是哈佛教授难以做到的。哈佛有一个讲中国史的教授却是联大校友何炳棣，那时有的西方史家认为华夏文化源自中近东，何炳棣却根据地下发现的七千年前的实物化石，证明中华民族是土生土长的。由此可见在文史方面，联大比起哈佛来，是有过之而无不及的。

历史是哲学的分析。哲学是历史的综合。20世纪综合中国哲学史的学者，是联大文学院院长冯友兰。冯先生把20世纪以前的中国政治文化总结为"礼乐"之治，"礼"模仿自然界外在的秩序，"乐"模仿自然界内在的和谐。这就是顺应自然，天人合一的思想。冯先生用最简单的文字，总结了最复杂的问题。爱因斯坦说过："要使我们的理论尽可能简单。"据联大校友，数理逻辑学家王浩说：冯先生最大的本领，是把复杂的问题简单化。"礼乐"是 2500 年前孔子提出来的，目的是要培养好人。同期西方柏拉图提出了"音乐"和"体育"的教育方针，其中"音乐"和"礼乐"是一致的，"体育"和"礼乐"却不相同。体育着重的是力量，要跑得更快，跳得更高，充分发挥个人的能力，目的是要培养强人。而孔子却不谈"怪力乱神"。东西方走上了不同的发展道路。哈佛大学最著名的哲学教授是山塔雅纳（George Santayanna），他提出了理性是对神性的模仿，宗教是用人的想象来解释人的经验，这和联大教授的解释又不相同。总之，西方强人征服自然的思想增加了西方的硬实力。中国好与世界和谐相处的思想却增加了东方的软实力。东西方结合，取长补短，就可共同建设一个更加美好的世界。

我在联大读的外文系，所以只能谈谈文学院的情况。至于理工学院，联大培养的人才更多。除了荣获诺贝尔物理奖的杨振宁、李政道之外，还有两弹一星功勋的科学家朱光亚、邓稼先、屠守锷、王希季等，国家一级科技奖的得主黄昆、叶笃正、刘东生等。近来国际大学排名榜最重要的依据，是看培养了多少杰出的人才。不知道有没有人研究 1938 至 1946 年间的世界著名大学的排名榜？如果比较一下，联大不一定会落在哈佛之后。自然这个研究需要全面，学术研究成果不只限于联大八年，还要包括后来的成果在内。教学物质条件也要考虑，但并不是物质条件越好，排行名次就越占前。恰恰相反，应该是条件越困难越占先，那联大就可和哈佛相提并论了。

西南联大的师生

　　联大历史系的同学早在 1938 年就出了联大的第一张壁报，名为《大学论坛》,发起人是徐高阮,写文章的有丁则良、程应镠(流金)等。他们都是"一二·九"运动的积极分子，但对当时的联大并不满意，觉得政治上似乎是"死水"，而他们渴望着的却是大海。丁则良写了一首七言古诗《哀联大》，诗中对学校有讥讽，也有对学海无波的忧虑。徐高阮后来去了台湾，做了"中央研究院"的研究员。1964 年，他在台湾《中华》杂志 3 月号批评他的联大同学，开始拥蒋反共，后又反蒋独裁的殷海光，说殷海光不是"一个自由的罗素崇拜者"，"其实是一个最不能自由思想的人，而且正好相反，是一个最喜欢专断的，最反对自由思想的人。"

　　殷海光在联大时叫殷福生，和我同班上王宪钧先生的《逻辑》。他身材瘦小，其貌不扬，穿一件旧蓝布长衫，课前课后，常陪着王先生散步。原来他在中学时代就喜欢辩论，所以对逻辑发生兴趣。他读过罗素的《一个自由人的崇拜》，读过金岳霖的学术著作《逻辑》，并且写了一封信给金先生，还寄去一篇论述逻辑的文章，金先生推荐在《文哲》学报上发表了。殷福生又写了一篇《论自由意志》，在《东方杂志》上发表，还翻译了一本《逻辑基本》，1937

年由正中书局出版。所以 1938 年他入联大时，已经在同学中小有名气了。他在联大还是一样喜欢争论，有一次和同学们打架，他爬上了 20 米高的电线杆，另一次他在风雨之夜，一个人去校外的坟地里走了一圈。在政治上，他是右派学生的代表。

联大左派学生的代表有经济系的袁永熙，他是地下党的书记，大一时担任昆中南院的伙食委员，那时我是昆中北院的伙委。我不同意上届伙委一荤三素的菜单，改成荤素搭配，而且素菜中有玉米，不料引起了很多同学的反对。我就去找袁永熙取经。他告诉我南方人把玉米当菜，北方人却当粗粮，伙委一定要南北兼顾才行。说也奇怪，后来他和蒋介石的机要秘书陈布雷的女儿结了婚，解放后担任过清华大学的党委书记，1957 年却被打成了右派。

在联大的左派同学当中，我认识得最早的是流金，他和我是南昌二中的同学，但比我高三个年级。1933 年 4 月 6 日，我第一次参加——应该算是参观——全校的运动会，看见流金一马当先，得到了好几个长跑的冠军，好不神气！篮球比赛，他又是校队的中锋，举手投篮，立刻掌声四起，好不威风！当时我的梦想就是做一个运动健将。但是我的年纪太小，还不满 12 岁，直到三年之后，才得到了中级组跳高第三名。运动健将的梦难圆，我又改集邮票，沉醉在萨尔河畔的风景、非洲的老虎大象之中。在 1935 年日记的第一页，我写下了新年的三大愿望：一是学问猛进，二是家庭平安，三是邮票大增。流金的弟弟应铨和我同班，看到我的日记哈哈大笑，说他有一张美国林德伯上校飞渡大西洋的邮票，问我愿不愿意高价收买。我答应用30张邮票和他交换，成交之后，发现他的邮票背面破损。他比我大两岁，又是流金的弟弟，只好自认吃亏算了。

流金是"一二·九"运动的前锋队员。1938年4月，他和燕京大学的同学柯华（后为外交部的司长）等人去了延安，受到周恩来副主席的接见。9月他到昆明西南联大历史系借读。1939年由于沈从文先生的推荐，流金参加了昆明《中央日报》副刊《平明》的编辑工作，联大同学汪曾祺、袁可嘉等都曾投稿。1940年，他在报上发表了《门外谈诗》，其中有不少独到的见解。他说："一个诗人走入人间，或在其中，或在其上，而不能在其外。杜甫是在其中的，而李白在其中，亦在其上。在其中的，表现的是它全部的欢喜与悲哀。我们可以从他的作品里呼吸到他所处的时代的气息。比如杜甫的诗：'剑外忽传收蓟北'……李白既表现了他的时代，而又超越了它。'德阳新树似新丰，行人新宫若旧宫。'……当玄宗入蜀之后，离乱的人并没有这种感觉，但诗人却摆脱了时代的羁绊，发出这样的声音，不过他并没有置身于事外。"

流金又说："唐以前的人，对于人生、世界、宇宙都看其全，而不看其偏：对于和人生有关的问题，都把它当做自己的问题来看的。宋以后却不然。""一个诗人对于人生和世界能看其全，他便走出了人生，走入了世界……一个人的作品，第一必须反映他的时代，第二必须具有艺术的价值。"

关于《诗经》和《楚辞》，他说："《诗经》大体上可以说是言语的艺术……《楚辞》却充满了文字的艺术……《诗经》是一个乡村的姑娘，风韵天然，如璞玉之无华。而《楚辞》却是一个打扮了的女子，人工更装点出她天然的美丽，更令人觉得婉约多姿，但又脂粉服饰，莫不恰如其分，也仿佛是与生俱来。"从中可以看出流金的综合能力和分析能力，他也像唐人一样对人生和世界能看其全了。

1944 年 8 月他在贵阳花溪清华中学与李宗蕖结婚，婚后双双来到昆明，在天祥中学任教。后来天祥迁到小坝，他做训导主任，我做教务主任，来往更多，关系也更密。他曾请闻一多先生来天祥做报告，并在他家午餐。他加入民盟也是闻先生介绍的。他在《人之子——怀念闻一多先生》一文中，谈到闻先生加入民盟后对他讲过的话："我从'人间'走入'地狱'了。以前我住在龙头村，每回走进城，上完了课又走着回去，我的太太总是带着孩子到半路上来接我。回到家，窗子上照映的已是夕阳了。我愉快地洗完了脚，便开始那简单而可口的晚餐。我的饭量总是很好的。哪一天也总过的很快活。现在这种生活也要结束了。"这就是说，加入民盟之后，他要准备斗争，走入"地狱"了。在他牺牲之后，流金写道："他走入了地狱，天堂的门却为他开放了。"

关于清华和联大的教育，闻先生也对流金说过："我是从中国的旧教育中训练出来的。我现在痛恨旧的教育和美国的教育，我觉得这种教训耽误了我的半生，但我们却不能忘记那些教育的好处，一些做人做事的原则还是值得我们遵循的。比如说，儒家的忠恕之道和美国人的负责任，切实的好处，我们就得学习。"我曾在龙云公馆中召开的联大校友会上，听到闻先生对旧教育的严厉批评，当时觉得太偏激了。读了《人之子》之后，才知道闻先生是矫枉过正之言。其实，儒家的忠恕之道，尤其是"己所不欲，勿施于人"的道理，可以说是目前国际关系中最需要的原则。如果每个国家都能做到，那就可以避免国际争端，争取世界和平。而美国人的负责求实精神，却是今日世界发展的重要因素。求恕是消极的，求实是积极的，两者结合起来，就是争取世界和平，发展全球经济的当务之急。

龙公馆举行的联大校友会，是联大离开昆明之前最盛大的一次餐会，东道主是当时云南省主席龙云的长媳，地点在盘龙河畔龙公馆的大花园中，到会的有联大历届毕业校友好几百人，会后有非常丰盛的自助餐，晚上在大客厅里举行了盛大的舞会。记得联大在昆华农校上课时，校门口常停着两辆小轿车：深色的是龙公馆的，浅色的是中国航空公司的。那时私人汽车不许开入校内，谁也没有特权，龙公馆也遵守联大的规定，并在联大离昆前宴请校友，聊尽地主之谊。流金和我都去参加了宴会，那时天祥中学迁往小坝，缺少资金，我们就向校友募捐，龙少夫人也慷慨解囊，算是酬谢联大校友对云南教育事业的奉献罢。

这次饯别餐会，使我想起了闻一多先生在清华毕业时，清华文学社为他们举行的欢送会。当时的文学社员顾一樵对这事有记载，他记下了闻一多的发言说："我个人对于母校的依依不舍，尤其是对本会（指文学社）的依依不舍，那是不用说……"

田汉

宗白华

末了他慷慨激昂地说："我们肉体虽然分离，精神还是在一起。"由此可以看出他对清华的感情。后来，闻一多写信给顾一樵说："朋友！你看过《三叶集》吗？你记得郭沫若、田寿昌（即田汉）缔交的一段佳话吗？我生平服膺（郭沫若的）《女神》几于五体投地，这种观念，实受郭君人格之影响最大。"又说："清华文学社中同社有数人，我极想同他们订交，以鼓舞促进他们对文学的兴趣，并以为自己观摩砥砺之资。"由此可以看出他的感情受到文学兴趣的影响，郭沫若把《鲁拜集》译成中文出版后，闻一多还写了一篇评论，由此可以看出当时观摩砥砺的风气。

郭沫若、田汉和宗白华出版过《三叶集》。到了我们这一代却出现了《九叶集》诗人。九人之中，有四个是西南联大的学生：1939级的查良铮（穆旦），1942级的杜运燮，1943级的郑敏，1946级的袁可嘉。其中杜运燮是我的同班，他的诗被闻一多先生编入《诗选》。后来，他写了一首《西南联大赞》：

"敌人只能霸占红楼，做行刑室，

可无法阻止在大观楼旁培养

埋葬军国主义的斗士和建国栋梁。"

"校园边的成排由加利树，善于熏陶，

用挺直向上的脊梁为师生们鼓劲。"

"缺乏必要书籍，讲课，凭记忆默写诗文，

总不忘吃的是草，挤出高营养的牛奶。"

"著名学者，培养出更著名的学者，

著名作家，培养出多风格的作家。

只有九年存在，育才率却世所罕有。"

　　穆旦不但写诗，而且译诗。他在联大的同班同学王佐良认为他"最好的创作乃是（他翻译的）《唐璜》。""《唐璜》原诗是杰作，译本两大卷也是中国译诗艺术的一大高峰。"王佐良的话把翻译和创作等同起来了。穆旦的翻译能不能等同于创作呢？我们可以比较一下《唐璜》的两种译文：

［1］何况还有叹息，越压抑越深，

　　　还有偷偷一瞥，越偷得巧越甜。

　　　还有莫名其妙的火热会脸红。

［2］叹息越压抑越沉痛，

　　　秋波越暗送越甜蜜，

　　　不犯清规也会脸红。

哪种译文更像创作？哪种是译诗艺术的高峰？意见可能会不同吧。如果用流金的话来说，也许是一在其中，一在其上了。这也就是杜运燮说的"多风格"。联大正是因为兼容并包，既有向左转的殷福生，又有向右转的徐高阮，所以才"世所罕有"了。